BREZČASNA KUHARSKA KNJIGA NA ŽARU

100 ikoničnih receptov za pečenje na žaru za mojstre žara

Primož Žagar

Avtorski material ©2024

Vse pravice pridržane

Nobenega dela te knjige ni dovoljeno uporabljati ali prenašati v kakršni koli obliki ali na kakršen koli način brez ustreznega pisnega soglasja založnika in lastnika avtorskih pravic, razen kratkih citatov, uporabljenih v recenziji. Ta knjiga se ne sme obravnavati kot nadomestilo za zdravniški, pravni ali drug strokovni nasvet.

KAZALO

KAZALO **3**
UVOD **6**
ZAJTRK **7**
   1. CHAR GRILLER BREAKFAST PICA 8
   2. HAŠIŠ ZA ZAJTRK NA ŽARU 10
   3. BURRITO ZA ZAJTRK NA ŽARU 12
   4. AVOKADOV TOAST NA ŽARU 14
   5. ZELENJAVNA NABODALA ZA ZAJTRK NA ŽARU 16
   6. QUESADILLAS ZA ZAJTRK NA ŽARU 18
   7. BANANIN FRANCOSKI TOAST NA ŽARU 20
   8. O NOČNA KAŠA 22
   9. RIŽEV PUDING S PEČENO RABARBARO 24
   10. TOASTIES S SIROM 26
   11. NADEVANA ŽEMLJICA S 28
   12. PEČEN BOROVNIČEV FRANCOSKI TOAST 30
   13. EMPANADE Z ŽARA NA OGLJU 32
   14. PEČEN CVETAČNO RIŽEV MAFIN S 35
   15. SHAKSHUKA NA ŽARU 37
   16. JAGODNA OVSENA KAŠA 39
   17. JAJČNE PITE ZA ZAJTRK 41

PREDJEDI IN PRIGRIZKI **43**
   18. HALLOUMI NABODALA NA ŽARU 44
   19. POLNJENI JALAPEÑOS NA ŽARU 46
   20. ŠPARGLJI NA ŽARU, OVITI V PRŠUT 48
   21. LUBENICA NA ŽARU IN FETA NABODALA 50
   22. BUČKINI ZVITKI NA ŽARU Z ZELIŠČNIM KREMNIM SIROM 52
   23. POKROVČKI GOB PORTOBELLO NA ŽARU S ČESNOVIM MASLOM 54
   24. KORUZA NA ŽARU NA ŽARU S ČILI LIMETINIM MASLOM 56
   25. POLNJENE GOBE NA ŽARU 58
   26. ZVITKI IZ GOVEDINE IN KVINOJE Z OMAKO IZ TAMARINDE 60
   27. RUMENI KROMPIR 63
   28. PEČEN BRSTIČNI OHROVT S SLANINO 65
   29. PIŠČANČJA ČESNOVA NABODALA 67
   30. LESENO PEČENO MLADO KORENJE 69
   31. DIMLJENE KOZICE NA ŽARU 71
   32. SARDINE NA ŽARU 73
   33. GRATINIRAN KROMPIR 75
   34. ZAČINJENA ČIČERIKA S ČILIJEM 77
   35. DIMLJENI MANDLJI 79
   36. SLANI KUMINI IN RŽENI KREKERJI 81

GOVEDINA IN JAGNJETINA 83
37. Jagnječji kotleti na žaru z metinim pestom 84
38. Goveji ražnjiči na žaru z omako Chimichurri 86
39. Ribeye zrezek na žaru s česnovim maslom 88
40. Jagnjetina na žaru s feto in cacikijem 90
41. Goveji file na žaru z omako iz rdečega vina 92
42. Jagnjetina kofta na žaru 94
43. Goveja nabodala na žaru s Teriyaki glazuro 96
44. Jagnječja rebra na žaru z marinado iz rožmarina in česna 98
45. Tri-Tip Aka Santa Maria Steak 100
46. File za peč na drva Mignon 102
47. Počasno pečeno jagnječje pleče 104

PERUTNINA 106
48. Piščančje prsi z limoninimi zelišči na žaru 107
49. Piščančja nabodala z medeno gorčico na žaru 109
50. Začinjene BBQ piščančje krila na žaru 111
51. Puranji burgerji z limono in česnom na žaru 113
52. Teriyaki piščančja stegna na žaru 115
53. Piščančja nabodala z medeno limeto na žaru 117
54. Cajun piščančje krače na žaru 119
55. Puranje prsi z limono in česnom na žaru 121
56. Pekinška raca 123

SVINJINA 125
57. Svinjski file na žaru z javorjevo gorčično glazuro 126
58. Svinjski kotleti na žaru z balzamično medeno marinado 128
59. Svinjska nabodala na žaru s korejsko BBQ omako 130
60. Svinjski ribeye zrezki na žaru z zeliščnim maslom 132
61. Svinjski hrbet na žaru z glazuro iz jabolčnega moštnika 134
62. Nasveti za svinjska rebra na žaru z medeno BBQ omako 136
63. Svinjski kotleti na žaru z marinado iz limonovih zelišč 138
64. Svinjska nabodala na žaru z ananasovo salso 140

RIBE IN MORSKI SADEŽI 142
65. Vinske školjke na žaru 143
66. Pečeno na lesu Čilski brancin 145
67. Kari školjke 147
68. Repi jastoga iz peči na drva 149
69. Biskvit iz dimljenih kozic 151
70. Losos na žaru z omako iz limoninega kopra 153
71. Takosi s kozicami na žaru z mangovo salso 155
72. Zrezki mečarice na žaru z zeliščno marinado 157
73. Morska plošča na žaru s česnovim zeliščnim maslom 159

PRILOGE IN SOLATE 161
74. Solata z lososom, šparglji in goji jagodami 162

75. Parmska šunka - zavita šparglji 164
76. Pražen česen in čebula 166
77. Brokoli pečen na drva 168
78. Pečen česen 170
79. Bostonski pečeni fižol 172
80. Zdrobljen krompir in paradižnik 174
81. Solata iz pečenih jajčevcev 176
82. Peppers na drva 178
83. Parmska šunka - zavita šparglji 180
84. Cezarjeva solata iz peči na drva 182
85. Chorizo Jalapeños, pečen na ognju 184
86. solata na žaru na oglju 186
87. Lesena ocvrta zelenjava 188

SLADICE 190

88. Ananas na žaru s cimetovim sladkorjem 191
89. Breskve na žaru z medom in mascarponejem 193
90. Pena iz pečenih pomaranč 195
91. Počasi pečene kutine z medom 197
92. Jabolka s cimetom 199
93. Strawberry Rhubarb Cobbler 201
94. Korenčkova torta na žaru 203
95. Zažgan baskovski kolač s sirom 206
96. Torta z jagodami in kremo 208
97. Medeno pečene marelice 210
98. Slive s cimetom in pomarančo 212
99. Breskve z amarettom in limeto 214
100. Breskve na žaru z javorjevo makadamijo 216

ZAKLJUČEK 218

UVOD

Dobrodošli v "BREZČASNA KUHARSKA KNJIGA NA ŽARU", kulinarični zbirki, ki se poklanja starodavni tradiciji peke na žaru na odprtem ognju. Od prasketanja oglja do arome dima, ki se vije po zraku, je nekaj resnično čarobnega v kuhanju na prostem in ta kuharska knjiga je vaš vodnik za obvladovanje umetnosti peke na žaru.

Že generacije mojstri žara po vsem svetu izkoriščajo moč ognja, da bi preproste sestavine spremenili v slastne mojstrovine. V tej kuharski knjigi slavimo brezčasno privlačnost jedi na ognju s 100 ikoničnimi recepti, ki bodo zagotovo podžgali vašo strast do peke na žaru.

Od sočnih zrezkov in sočnih hamburgerjev do mehke zelenjave in dimljenih morskih sadežev, vsak recept v tej zbirki je dokaz o moči ognja in dima, ki povzdigneta okus hrane. Ne glede na to, ali ste izkušen ljubitelj peke na žaru ali kuhar začetnik, ki se želi naučiti vsega, ima »The Timeless Cookbook z žara« nekaj za vsakogar.

Toda peka na žaru je več kot le način kuhanja – je način življenja. Gre za druženje s prijatelji in družino, izmenjavo zgodb okoli žara in uživanje v preprostih užitkih dobre hrane, pripravljene skrbno in pozorno. Gre za sprejemanje elementov in dovolitev, da prvinski instinkt kuhanja na odprtem ognju prebudi vaše čute.

Torej, zakurite svoj žar, pograbite klešče in se pripravite na kulinarično avanturo, kakršne še ni bilo. Ne glede na to, ali kuhate za žar na dvorišču, za zabavo pred zadnjimi vrati ali le za sproščen obrok med tednom, je "BREZČASNA KUHARSKA KNJIGA NA ŽARU" vaš vir za ustvarjanje nepozabnih jedi, po katerih si bodo vsi zaželeli še več.

ZAJTRK

1. Char Griller Breakfast Pica

SESTAVINE:
- 1 vnaprej pripravljeno testo za pico
- 1 skodelica posušenih paradižnikov
- 2 skodelici mlade špinače
- 4 rezine šunke
- 1 sveža kroglica mocarele, narezana
- 1 jajce
- Posušena bazilika, po okusu
- Česen v prahu, po okusu
- Sol in poper po okusu
- 1 kozarec (8 oz.) paradižnikove omake
- Zdrob, za posip

NAVODILA:
a) Predgrejte žar na oglje na srednje visoko temperaturo.
b) Vnaprej pripravljeno testo za pico na rahlo pomokani površini razvaljajte v želeno obliko in debelino. Za preprečevanje sprijemanja lahko uporabite zdrob.
c) Paradižnikovo omako enakomerno porazdelite po testu za pico, tako da ob robovih pustite majhno obrobo.
d) Omako obložite z listi mlade špinače, posušenimi paradižniki in rezinami šunke.
e) Rezine sveže mocarele razporedimo po ostalih sestavinah.
f) V sredino pice razbijte jajce.
g) Po okusu po pici potresemo posušeno baziliko, česen v prahu, sol in poper.
h) Pico previdno prenesite na predhodno segret žar z lupino za pico ali ravnim pekačem.
i) Zaprite pokrov žara in pecite pico približno 10-15 minut ali dokler skorja ne postane zlato rjava in se sir stopi, pico občasno obrnite za enakomerno pečenje.
j) Ko je pica pečena, jo odstranite z žara in pustite, da se ohladi nekaj minut, preden jo narežete in postrežete.

2.Hašiš za zajtrk na žaru

SESTAVINE:
- 4 srednje velike krompirje, narezane na kocke
- 1/2 skodelice narezane čebule
- 1/2 skodelice na kocke narezane paprike
- 1/2 skodelice na kocke narezane kuhane šunke ali slanine
- 4 jajca
- 2 žlici olivnega olja
- Sol in poper po okusu

NAVODILA:
a) Predgrejte svoj žar na srednjem ognju.
b) V veliki skledi stresite na kocke narezan krompir, na kocke narezano čebulo, na kocke narezano papriko, kuhano šunko ali slanino, olivno olje, sol in poper, dokler ni enakomerno prekrito.
c) Krompirjevo mešanico prenesite na velik list močne aluminijaste folije.
d) Prepognite folijo čez krompirjevo mešanico in robove zapnite, da se zaprejo, tako da nastane paket folije.
e) Zavojček iz folije položite neposredno na žar in kuhajte 20–25 minut oziroma dokler se krompir ne zmehča, pri čemer zavojček občasno pretresite, da zagotovite enakomerno pečenje.
f) Previdno odprite paket folije in z lopatko krompirjevo mešanico razporedite v enakomerno plast na rešetki.
g) Jajca razbijemo na krompirjevo zmes in začinimo s soljo in poprom.
h) Žar pokrijte in kuhajte dodatnih 5-7 minut ali dokler jajca niso pečena do želene stopnje pečenja.
i) Odstranite z žara in postrezite vroče.

3.Burrito za zajtrk na žaru

SESTAVINE:
- Tortilje iz moke
- jajca
- Slanina ali klobasa
- Nariban sir
- Sesekljana zelenjava (paprika, čebula, paradižnik)
- Sol in poper po okusu

NAVODILA:
a) Predgrejte svoj žar na srednjem ognju.
b) Slanino ali klobaso popečemo na žaru, dokler ni popolnoma kuhana. Odstranite in narežite na majhne koščke.
c) V skledi stepemo jajca in jih začinimo s soljo in poprom. Pecite jih na žaru, dokler niso umešani.
d) Tortilje segrevajte na žaru po minuto na vsaki strani.
e) Buritose sestavite tako, da na vsako tortiljo položite jajca, slanino ali klobaso, sir in zelenjavo.
f) Buritose tesno zvijte in jih s šivi navzdol položite na žar. Pecite nekaj minut na vsaki strani, dokler niso zlato rjavi in hrustljavi.
g) Po želji postrezite vroče s salso ali pekočo omako.

4. Avokadov toast na žaru

SESTAVINE:
- Narezan kruh (na primer iz kislega testa ali polnozrnat)
- Zrel avokado
- Olivno olje
- Sol in poper po okusu
- Dodatki po želji: narezan paradižnik, ocvrta jajca, nadrobljen feta sir

NAVODILA:
a) Predgrejte žar na oglje na srednje visoko temperaturo.
b) Narezan kruh z obeh strani premažemo z olivnim oljem.
c) Avokado prerežemo na pol in odstranimo peščico. Odrezane stranice namažite z olivnim oljem ter potresite s soljo in poprom.
d) Rezine kruha in polovice avokada položite neposredno na rešetke žara.
e) Kruh pecite na žaru 1-2 minuti na vsako stran, dokler ni rahlo popečen.
f) Polovice avokada pecite na žaru 2-3 minute, dokler se ne pojavijo sledi žara.
g) Odstranite kruh in avokado z žara.
h) Na toast zmečkajte pečen avokado in ga prelijte z želenimi prelivi.
i) Postrezite takoj toplo.

5. Zelenjavna nabodala za zajtrk na žaru

SESTAVINE:
- češnjev paradižnik
- Narezana paprika
- Narezane gobe
- Koščki rdeče čebule
- Olivno olje
- Sol in poper po okusu
- Nabodala
- Po želji: kuhana klobasa ali koščki slanine

NAVODILA:
a) Predgrejte žar na oglje na srednje visoko temperaturo.
b) Češnjeve paradižnike, papriko, šampinjone in rdečo čebulo na nabodala izmenično nataknite zelenjavo.
c) Nabodala premažite z olivnim oljem ter začinite s soljo in poprom.
d) Če uporabljate, na ločena nabodala navijte kuhano klobaso ali slanino.
e) Nabodala položite na žar in jih pecite 8-10 minut, občasno obračajte, dokler se zelenjava ne zmehča in rahlo zoglene.
f) Če uporabljate, pecite nabodala klobas ali slanine, dokler se ne segrejejo in rahlo zoglenejo.
g) Zelenjavna nabodala na žaru postrezite vroča kot prilogo ali z jajci za obilen zajtrk.

6. Quesadillas za zajtrk na žaru

SESTAVINE:
- 4 velike tortilje iz moke
- 1 skodelica naribanega cheddar sira
- 1 skodelica kuhane kocke narezane šunke ali slanine
- 1/2 skodelice na kocke narezane paprike
- 1/4 skodelice narezane rdeče čebule
- 1/4 skodelice sesekljanega svežega cilantra
- 1/2 čajne žličke mlete kumine
- Sol in poper po okusu
- Sprej za kuhanje ali stopljeno maslo

NAVODILA:
a) Predgrejte svoj žar na srednjem ognju.
b) V skledi zmešamo nariban sir, na kocke narezano šunko ali slanino, papriko, rdečo čebulo, koriander, mleto kumino, sol in poper.
c) Eno tortiljo položite na ravno površino in četrtino sirne mešanice enakomerno razporedite po polovici tortilje.
d) Drugo polovico tortilje zložite čez nadev, da ustvarite obliko polmeseca.
e) Ponovite s preostalimi tortiljami in nadevom.
f) Rešetke žara popršite s pršilom za kuhanje ali premažite s stopljenim maslom, da preprečite prijemanje.
g) Quesadille položite na žar in jih pecite 3-4 minute na vsaki strani ali dokler ne postanejo zlato rjave in hrustljave.
h) Odstranite z žara in pustite, da se ohladi minuto, preden ga narežete na rezine.
i) Postrezite vroče s salso, kislo smetano ali guacamole.

7. Bananin francoski toast na žaru

SESTAVINE:
- 4 debele rezine kruha (na primer brioche ali challah)
- 2 zreli banani, narezani na rezine
- 2 jajci
- 1/2 skodelice mleka
- 1 čajna žlička vanilijevega ekstrakta
- 1/2 čajne žličke mletega cimeta
- Maslo ali sprej za kuhanje
- javorjev sirup

NAVODILA:
a) Predgrejte svoj žar na srednjem ognju.
b) V plitvi posodi zmešajte jajca, mleko, vanilijev ekstrakt in mleti cimet, dokler se dobro ne premešajo.
c) Vsako rezino kruha pomočite v jajčno mešanico in pazite, da sta obe strani enakomerno prekriti.
d) Rešetke za žar namažite z maslom ali pršilom za kuhanje.
e) Pomočene rezine kruha in rezine banan položite neposredno na žar.
f) Pecite na žaru 2-3 minute na vsaki strani ali dokler kruh ni zlato rjav in hrustljav, banane pa karamelizirane.
g) Odstranite z žara in vroče postrezite z javorjevim sirupom.
h) Uživajte v okusnem francoskem toastu z bananami na žaru!

8.O nočna kaša

SESTAVINE:
- 1 skodelica jumbo ovsene kaše
- 2½ skodelice hladna voda
- 1½ skodelice mleko

AROME
- Pest suhega sadja - brusnice, rozine, sesekljani datlji, suhe slive ali marelice.
- Ščepec mletega cimeta
- 1 narezano jabolko

NAVODILA:
a) V močni keramični ponvi zmešajte vse sestavine in jih močno stepite. Dodajte začimbe ali sadje.
b) Za pokritje lonca uporabite tesno prilegajoč pokrov ali kos folije.
c) Lonec s kašo postavimo v peč na drva , ko se ohladi.
d) Pridobi 7 ali 8 ur pozneje in postrezite s prelivi po želji.

9.Rižev puding s pečeno rabarbaro

SESTAVINE:
- 1 žlica maslo, za mazanje posode
- 3¼ skodelice mleka
- 1 skodelica težke smetane
- ¾ skodelice riža za puding
- ⅓ skodelice železni sladkor
- 2 žlici vode pomarančnih cvetov

ZA RABARBARO
- 14 unč rabarbare, oprane in narezane
- lupina in sok 1 velike pomaranče
- 4 žlice granuliranega sladkorja

NAVODILA:
a) Notranjost pekača namažemo z malo masla.
b) Po dodajanju mleka in smetane dodajte riž, sladkor in vodo pomarančnih cvetov.
c) Vse skupaj malo premešamo. Posodo postavimo v pečico na drva, zapremo vrata in pečemo skupno uro in pol.
d) Medtem rabarbaro dobro razporedimo po pekaču ali posodi v eni plasti.
e) Vmešajte pomarančno lupinico in sok ter sladkor, da se združi.
f) Pred serviranjem za nekaj minut postavite na stran, da se ohladi.

10. Toasties s sirom

SESTAVINE:
- 2 rezini kruha
- 2 žlici mehko maslo
- ¾ skodelice naribanega čedarja
- 1 mlada čebula, drobno sesekljana
- Sveži koriander
- 2 čajni žlički jajčevca /jajčevca kumarica
- Sveže mleti črni poper

NAVODILA:
a) Rezine kruha namažite z maslom in jih položite na krožnik z masleno stranjo navzdol. Po vrhu raztresemo sir, mlado čebulo in koriander.
b) Na drugo rezino namažite kislo kumaro, nato pa jo z masleno stranjo navzgor vtisnite v sirni preliv.
c) Rezine kruha pražite na vročem žaru v pečici blizu ognja 10 minut, dokler kruh ni hrustljav in se sir stopi.
d) Na polovici ga obrnite in obrnite, da zagotovite enakomerno pečenje.

11. Nadevana žemljica s

SESTAVINE:
- B beri testo
- ¾ skodelice špinače
- ½ skodelice naribanega sira mozzarella
- ½ čajne žličke posušenih zelišč
- ½ čajne žličke česna v prahu
- ½ čajne žličke belega popra
- sol začiniti
- 1 žlica kremnega sira po želji

NAVODILA:
a) Testo razrežemo na 8 enako velikih kosov.
b) Zvaljajte v kroglice, položite na rahlo potresen pekač in pustite za 30 minut, da vzhajajo.
c) Vsako kroglico pritisnite v a ploščati disk z dlanmi. Na sredino testa položite nadev in ga zvijte v valj.
d) Položite jih na pomokano ponev , previdno razmaknjene in s šivi navzdol, da vzhajajo še 30 minut.
e) Po vzhajanju jih postavimo v pečico na drva za približno 20 minut.
f) Pustite, da se ohladi in nato postrezite.

12.Pečen borovničev francoski toast

SESTAVINE:
- 8 kosov svežega polnozrnatega kruha , narezanega na rezine
- 5 velikih jajc, stepanih
- 44 ml mleka
- 85 g javorjevega sirupa
- ¼ čajne žličke morske soli
- ½ čajne žličke mletega cimeta
- 125 g borovnic
- 6 žlic oljčnega olja
- 8 žlic masla

NAVODILA:
a) V veliko litoželezno ponev ali krožnik nakapajte oljčno olje.
b) V veliki mešalni posodi zmešajte jajca, mleko, javorjev sirup, sol in cimet.
c) pomočite v omako.
d) Kruh položite v pekač in ga za 5-10 minut namočite v jajčno mešanico.
e) Na vrh kruha položite borovnice.
f) Pecite na preostali toploti v pečici, dokler se jajčna masa ne vpije in je kruh zlato rjav.
g) Odstranite iz pečice in pokapajte z javorjevim sirupom in maslom.

13. Empanade z žara na oglju

SESTAVINE:
ZA TESTO:
- 2 skodelici večnamenske moke
- 1 čajna žlička soli
- 1/2 skodelice nesoljenega masla, hladnega in narezanega na majhne kocke
- 1/2 skodelice hladne vode

ZA NADEV:
- 1 žlica olivnega olja
- 1 majhna čebula, drobno sesekljana
- 2 stroka česna, nasekljana
- 1/2 funta mlete govedine ali purana
- 1 čajna žlička mlete kumine
- 1 čajna žlička paprike
- 1/2 čajne žličke čilija v prahu
- Sol in poper po okusu
- 1/2 skodelice sesekljanih zelenih oliv
- 1/2 skodelice rozin
- 1/4 skodelice sesekljanega svežega peteršilja

NAVODILA:
a) V veliki skledi za mešanje zmešajte moko in sol. Dodajte hladno narezano maslo in mešajte s prsti ali rezalnikom za testo, dokler zmes ne spominja na grobe drobtine.
b) Postopoma dodajajte hladno vodo, po malem in mešajte, dokler ne nastane testo. Testo nežno pregnetite, dokler ni gladko. Testo zavijemo v plastično folijo in postavimo v hladilnik za vsaj 30 minut.
c) Medtem ko se testo hladi, pripravimo nadev. V ponvi na srednjem ognju segrejte olivno olje. Dodamo sesekljano čebulo in česen ter pražimo, dokler se ne zmehčata in zadišita, približno 2-3 minute.
d) Dodajte mleto govedino ali purana v ponev in kuhajte, dokler ne porjavi, in jo med kuhanjem zlomite z žlico.
e) Vmešajte mleto kumino, papriko, čili v prahu, sol in poper. Kuhajte še 2-3 minute, da se okusi prepojijo.
f) Ponev odstavimo z ognja in vanjo stresemo sesekljane olive, rozine in svež peteršilj. Odstavimo, da se ohladi.

g) Predgrejte žar na srednje visoko temperaturo.
h) Ohlajeno testo razvaljamo na pomokani površini na približno 1/8 palca debeline. Z okroglim rezalnikom ali manjšo skledo izrežite kroge testa.
i) Na polovico vsakega kroga testa z žlico nanesite manjšo količino ohlajenega nadeva, tako da ob robovih pustite majhno obrobo.
j) Drugo polovico testa prepognemo čez nadev, da dobimo obliko polmeseca. Robove trdno stisnite skupaj, da se zaprejo, nato jih stisnite z vilicami, da jih pritrdite.
k) Empanade položite na žar in jih pecite 3-4 minute na vsako stran ali dokler ne postanejo zlato rjave in hrustljave.
l) Odstranite pečene empanade z ognja in postrezite vroče z vašo najljubšo omako ali salso.

14. Pečen cvetačno rižev mafin s

SESTAVINE:
- 2 skodelici praženega cvetačnega riža
- 2 žlici stopljenega masla
- 2 skodelici naribanega sira
- 1 žlica čebulnih kosmičev
- 2 jajci, pretepeni
- 1 jalapeño, razrezan in zmlet
- ½ čajne žličke pecilnega praška
- ¼ skodelice kokosove moke
- B brez popra in soli po okusu

NAVODILA:
a) Zmešajte vse sestavine in jih razdelite po modelčkih za mafine.
b) Pecite do zlato rjave barve v pečici na drva .
c) Na vrh potresemo poširana ali ocvrta jajca.

15. Shakshuka na žaru

SESTAVINE:
- 1 žlica olivnega olja
- 1 čebula, drobno sesekljana
- 2 stroka česna, nasekljana
- 1 rdeča paprika, narezana na kocke
- 1 rumena paprika, narezana na kocke
- 1 pločevinka (14 unč) narezanega paradižnika
- 1 čajna žlička mlete kumine
- 1 čajna žlička prekajene paprike
- 1/2 čajne žličke čilija v prahu (prilagodite okusu)
- Sol in poper po okusu
- 4-6 velikih jajc
- Svež peteršilj ali koriander, sesekljan (za okras)

NAVODILA:
a) Predgrejte žar na srednje visoko temperaturo.
b) V litoželezni ponvi ali ponvi, primerni za žar, nad žarom segrejte olivno olje.
c) V ponev dodajte sesekljano čebulo in sesekljan česen ter pražite, dokler se ne zmehčata in zadišita, približno 2-3 minute.
d) V ponev dodajte na kocke narezano papriko in kuhajte, dokler se ne začne mehčati, približno 5-7 minut.
e) Vmešajte na kocke narezan paradižnik, mleto kumino, dimljeno papriko, čili v prahu, sol in poper. Mešanico pustimo vreti še 5-7 minut, da se rahlo zgosti.
f) V mešanici paradižnika in paprike z žlico naredite jamice za jajca.
g) Vsako jajce razbijte v jamico, tako da jih enakomerno razmaknete.
h) Ponev pokrijte s pokrovom ali aluminijasto folijo in pecite na žaru približno 8-10 minut oziroma dokler jajca niso pečena do želene stopnje pečenja.
i) Previdno odstranite ponev z žara s toplotno odpornimi rokavicami ali rokavicami brez prstov.
j) Pred serviranjem okrasite s sesekljanim peteršiljem ali cilantrom.
k) Shakshuko na ognju postrezite neposredno iz ponve, skupaj s svojim najljubšim hrustljavim kruhom ali pito za pomakanje.

16.Jagodna ovsena kaša

SESTAVINE:
- 1 skodelica ovsenih kosmičev
- 2 skodelici vode
- 1 skodelica mešanega jagodičevja (kot so jagode, borovnice, maline, robide)
- 2 žlici medu ali javorjevega sirupa
- 1/2 čajne žličke mletega cimeta
- Ščepec soli
- Dodatki po želji: narezane banane, sesekljani oreščki, dodatno jagodičevje, jogurt

Navodila:
a) Predgrejte žar na srednjo temperaturo.
b) V veliki skledi zmešajte ovsene kosmiče, vodo, mešano jagodičevje, med ali javorjev sirup, mleti cimet in ščepec soli. Dobro premešajte, da se poveže.
c) Mešanico ovsenih kosmičev prenesite v pekač, primeren za žar, ali litoželezno ponev.
d) Pekač ali ponev postavimo na žar in med občasnim mešanjem kuhamo približno 15-20 minut, dokler se ovseni kosmiči ne zgostijo in jagode ne zmehčajo.
e) Ko so ovseni kosmiči kuhani, jih odstranite z žara in pustite, da se nekaj minut ohladijo, preden jih postrežete.
f) Ovsene kosmiče z jagodami na žaru postrezite tople, prelite z vašimi najljubšimi prelivi, kot so narezane banane, sesekljani oreščki, dodatno jagodičevje ali jogurt.

17. Jajčne pite za zajtrk

SESTAVINE:
- 1 paket že pripravljenih skorij za pito (ali domačih, če želite)
- 6 jajc
- 1/2 skodelice mleka
- 1 skodelica narezane šunke ali kuhane slanine (neobvezno)
- 1 skodelica naribanega sira (čedar, mocarela ali po vaši izbiri)
- Sol in poper po okusu
- Dodatki po želji: na kocke narezana paprika, čebula, špinača, gobe itd.

NAVODILA:
a) Pečico segrejte na 375 °F (190 °C).
b) Kore za pito razvaljajte na pomokani površini in jih narežite na kroge, ki so nekoliko večji od velikosti vaših modelčkov za mafine.
c) Vsak krog skorje za pito nežno potisnite v modelčke za mafine, pri čemer pazite, da enakomerno prekrijete dno in stranice. Dno skorje prebodemo z vilicami, da preprečimo napihnjenost.
d) V skledi za mešanje stepite jajca in mleko, dokler se dobro ne združita. Začinimo s soljo in poprom po okusu.
e) Na kocke narezano šunko ali kuhano slanino enakomerno porazdelite po skorjah za pito, nato pa dodajte še druge želene dodatke, kot je na kocke narezana zelenjava.
f) Jajčno mešanico prelijte čez nadeve v vsaki skorji za pito, tako da vsako skodelico napolnite približno do 3/4.
g) Po vrhu vsake pite potresemo nariban sir.
h) Pečemo v predhodno ogreti pečici 20-25 minut oziroma dokler se jajca ne strdijo in skorjice zlato rjavo zapečejo.
i) Pite za zajtrk vzamemo iz pečice in pustimo, da se nekaj minut ohladijo v pekaču za mafine, preden jih previdno odstranimo.
j) Pite za zajtrk postrezite tople, bodisi takšne kot so ali s prilogo salso ali pekočo omako po želji.

PREDJEDI IN PRIGRIZKI

18.Halloumi nabodala na žaru

SESTAVINE:
- 1 blok sira halloumi, narezan na kocke
- češnjev paradižnik
- Koščki rdeče čebule
- Koščki paprike
- Olivno olje
- Limonin sok
- Sveža zelišča (na primer peteršilj ali origano), sesekljana
- Sol in poper po okusu

NAVODILA:
a) Predgrejte žar na oglje na srednje visoko temperaturo.
b) Kocke halloumi, češnjeve paradižnike, krhlje rdeče čebule in krhlje paprike na nabodala izmenično nanizajte.
c) Nabodala namažite z oljčnim oljem in limoninim sokom, nato pa jih začinite s soljo, poprom in sesekljanimi svežimi zelišči.
d) Nabodala položite na žar in jih pecite 3-4 minute na vsaki strani ali dokler halumi ne postane zlato rjav in se pojavijo sledi žara.
e) Odstranite z žara in vroče postrezite kot okusno predjed ali predjed.

19. Polnjeni jalapeños na žaru

SESTAVINE:
- 8 velikih jalapeño paprik
- Kremasti sir
- Nariban sir cheddar
- Kuhana in nadrobljena slanina
- Zelena čebula, tanko narezana
- Sol in poper po okusu

NAVODILA:
a) Predgrejte svoj žar na srednjem ognju.
b) Jalapeños po dolžini prerežite na pol in jim odstranite semena in lupine.
c) V skledi zmešajte kremni sir, nastrgan čedar sir, kuhano in nadrobljeno slanino, zeleno čebulo, sol in poper.
d) Vsako polovico jalapeña napolnite z mešanico kremnega sira.
e) Polnjene jalapeñose položite na žar in jih kuhajte 8-10 minut ali dokler se paprika ne zmehča in se sir stopi in nastane mehurček.
f) Odstranite z žara in vroče postrezite kot pikantno in okusno predjed.

20. Šparglji na žaru, oviti v pršut

SESTAVINE:
- Sveži šparglji, oleseneli konici obrezani
- Rezine pršuta, tanko narezane
- Olivno olje
- Balzamična glazura (neobvezno)
- Sol in poper po okusu

NAVODILA:
a) Predgrejte žar na oglje na srednje visoko temperaturo.
b) Šparglje prelijemo z oljčnim oljem, soljo in poprom.
c) Vsako špargljevo konico ovijemo z rezino pršuta.
d) Zavite šparglje položimo na žar in pečemo 3-4 minute na vsaki strani oziroma toliko časa, da se šparglji zmehčajo in pršut hrustljavo zapeče.
e) Odstranite z žara in po želji pokapajte z balzamično glazuro.
f) Postrezite vroče kot prefinjeno in okusno predjed.

21. Lubenica na žaru in feta nabodala

SESTAVINE:
- Lubenica, narezana na kocke
- Feta sir, narezan na kocke
- Listi sveže mete
- Balzamična glazura
- Olivno olje
- Sol in poper po okusu

NAVODILA:
a) Predgrejte svoj žar na srednjem ognju.
b) Na nabodala nanizajte kocke lubenice, kocke feta sira in lističe sveže mete.
c) Nabodala premažite z olivnim oljem ter začinite s soljo in poprom.
d) Nabodala položite na žar in jih pecite 1-2 minuti na vsaki strani, dokler se ne pojavijo sledi žara.
e) Odstranite z žara in pokapljajte z balzamično glazuro.

22. Bučkini zvitki na žaru z zeliščnim kremnim sirom

SESTAVINE:
- 2 srednji bučki, po dolžini narezani na tanke trakove
- Olivno olje
- Sol in poper po okusu
- 4 oz kremni sir, zmehčan
- 1 žlica sesekljanih svežih zelišč (kot so bazilika, peteršilj ali drobnjak)
- Limonina lupina
- Kosmiči rdeče paprike (neobvezno)

NAVODILA:
a) Predgrejte žar na oglje na srednje visoko temperaturo.
b) Trakove bučk premažite z olivnim oljem ter začinite s soljo in poprom.
c) Trakove bučk pecite na žaru 2-3 minute na vsaki strani ali dokler se ne pojavijo mehke in sledi žara.
d) V majhni skledi zmešajte zmehčan kremni sir, sesekljana sveža zelišča, limonino lupinico in rdeče paprike (če jih uporabljate).
e) Vsak trak pečene bučke namažemo s tanko plastjo zeliščno naribanega kremnega sira.
f) Trakove bučk zvijte in po potrebi pritrdite z zobotrebci.
g) Bučkine zvitke na žaru postrezite kot okusno in elegantno predjed.

23. Pokrovčki gob Portobello na žaru s česnovim maslom

SESTAVINE:
- 4 veliki klobučki gob portobello
- Olivno olje
- Sol in poper po okusu
- 4 žlice nesoljenega masla, zmehčanega
- 2 stroka česna, nasekljana
- 2 žlici sesekljanega svežega peteršilja
- Limonine rezine (za serviranje)

NAVODILA:
a) Predgrejte svoj žar na srednjem ognju.
b) Šampinjonove klobuke premažite z olivnim oljem ter začinite s soljo in poprom.
c) V manjši skledici zmešamo zmehčano maslo, sesekljan česen in sesekljan svež peteršilj.
d) Gobove klobuke pečemo na žaru s škrgami navzdol 4-5 minut.
e) Gobove klobuke obrnite in mešanico česnovega masla enakomerno porazdelite po strani škrg.
f) Nadaljujte s pečenjem še 4-5 minut ali dokler gobe niso mehke in sočne.
g) Odstranite z žara in vroče postrezite z rezinami limone, da jih ožemite po vrhu.

24. Koruza na žaru na žaru s čili limetinim maslom

SESTAVINE:
- 4 klasje koruze, oluščenih
- Olivno olje
- Sol in poper po okusu
- 4 žlice nesoljenega masla, zmehčanega
- Lupina in sok 1 limete
- 1 čajna žlička čilija v prahu
- 1/2 čajne žličke paprike

NAVODILA:
a) Predgrejte žar na oglje na srednje visoko temperaturo.
b) Koruzo premažite z olivnim oljem ter začinite s soljo in poprom.
c) Koruzo pečemo na žaru 10-12 minut, občasno obračamo, dokler ni mehka in rahlo zoglenela.
d) V majhni skledi zmešajte zmehčano maslo, limetino lupinico, limetin sok, čili v prahu in papriko.
e) Čez še vročo koruzo na žaru namažemo čili limetino maslo.
f) Postrezite koruzo na žaru kot okusno in živahno predjed.

25.Polnjene gobe na žaru

SESTAVINE:
- 12 velikih šampinjonov brez pecljev
- 1/2 skodelice kremnega sira, zmehčanega
- 1/4 skodelice naribanega parmezana
- 2 stroka česna, nasekljana
- 2 žlici sesekljanega svežega peteršilja
- Sol in poper po okusu
- Olivno olje

NAVODILA:
a) Predgrejte svoj žar na srednjem ognju.
b) V skledi zmešajte kremni sir, parmezan, sesekljan česen, sesekljan svež peteršilj, sol in poper, da se dobro povežejo.
c) Z žlico dodajte mešanico kremnega sira v vsak gobji klobuk, tako da jih enakomerno napolnite.
d) Polnjene gobe pokapamo z oljčnim oljem.
e) Polnjene gobe položite na žar in kuhajte 8-10 minut oziroma dokler se gobe ne zmehčajo in nadev zlate barve in mehurčki.
f) Odstranite z žara in vroče postrezite kot slastno in okusno predjed.

26. Zvitki iz govedine in kvinoje z omako iz tamarinde

SESTAVINE:
- 100 g (½ skodelice) tribarvne kvinoje
- 225 ml vode
- 30 g palmovega sladkorja, drobno sesekljanega
- 5 žličk ribje omake
- 1 žlica pireja tamarinde
- 1 majhen strok česna, strt
- 2 žlički limetinega soka
- ¾ čajne žličke svežega ingverja, drobno naribanega
- 400 g govejega ramsteka
- 2 zeleni šalotki, narezani na tanke rezine
- 12 listov riževega papirja premera 22 cm
- 1 dolg svež rdeč čili, diagonalno narezan na tanke rezine
- 12 velikih listov sveže mete
- 150 g fižolovih kalčkov
- 12 svežih vejic koriandra

NAVODILA:
a) V ponev na srednje nizek ogenj postavite kvinojo in 185 ml (¾ skodelice) vode. Zavremo in občasno premešamo.
b) Kvinojo dušimo 10-12 minut oziroma dokler ne postane mehka. Pustite, da se nekoliko ohladi.
c) Za omako zmešajte palmin sladkor, ribjo omako, pire tamarinde, strt česen in preostalo vodo v ponvi na srednje nizkem ognju.
d) Nenehno mešamo 3 minute in nato pustimo vreti še 2 minuti, da se rahlo zgosti.
e) Omako prestavimo v skledo in ji dodamo limetin sok in drobno nariban ingver. Pustite, da se ohladi.
f) Segrejte žar na srednje močnem ognju.
g) Goveji ramstek poškropimo z olivnim oljem in začinimo.
h) Pecite zrezek in ga obračajte približno 4 minute za srednjo pečenost ali dokler ne doseže želene stopnje pečenosti.
i) Kuhano govedino pustimo počivati 4 minute, nato jo na tanko narežemo.

SESTAVITE ROLE RIŽEVega PAPIRJA

j) V kuhano kvinojo vmešajte na tanke rezine narezano zeleno šalotko in 3 žličke tamarindove omake.
k) List riževega papirja potopite v hladno vodo za 10 sekund ali dokler se ne začne mehčati, nato ga odcedite na čisto kuhinjsko krpo.
l) List zmehčanega riževega papirja položite na delovno površino in na sredino dodajte 2 rezini čilija in list mete.
m) Na vrh položite del mešanice kvinoje, fižolove kalčke, rezine govedine na žaru in vejico koriandra.
n) Zložite konce lista riževega papirja in ga trdno zvijte, da zaprete nadev.
o) Postopek ponovite s preostalimi listi riževega papirja.
p) Postrezite goveje in kvinojine zvitke iz riževega papirja s preostalo tamarindovo omako za namakanje.

27. Rumeni krompir

SESTAVINE:
- 8-12 srednje velikih rumenih krompirjev, razpolovljenih ali na četrtine
- 4 žlice zeliščnega olja
- 4 žlice masla
- 5 srednje velikih strokov česna
- 3 zvrhane žlice sesekljanih svežih listov rožmarina
- 2 zvrhani čajni žlički morske ali košer soli
- ⅓ čajne žličke grobo mletega črnega popra

NAVODILA:
a) Rumeni krompir kuhajte 10-15 minut na štedilniku oziroma toliko časa, da ga zlahka prebodete z vilicami.
b) Krompir je treba odcediti in posušiti.
c) V veliki ponvi stopite maslo in olje na srednje močnem ognju. Krompir pražimo približno minuto ali dokler ni rahlo zlato rjav. Kuhajte še eno minuto po tem, ko krompir obrnete ali pretresete.
d) Vmešajte sol, poper, sesekljan česen in rožmarin ter dobro premešajte, da se krompir dobro prekrije.
e) Krompir pražimo v litoželezni posodi v pečici na drva približno 15 minut, dokler ni zlato rjav na zunaj in mehak v notranjosti.
f) Po približno 5 minutah premešajte krompir, da se enakomerno skuha.

28.Pečen brstični ohrovt s slanino

SESTAVINE:
- L emon aioli
- 1 skodelica majoneze
- 1 limona, olupljena in iztisnjen sok
- 3-5 strokov česna, mletega
- brstični ohrovt
- 2 funta brstičnega ohrovta z obrezanimi rumenimi listi
- 2 žlici ekstra deviškega oljčnega olja
- 2-4 trakovi slanine, narezani na ½' kose.
- 3 vejice timijana

NAVODILA:
ZA PRIPRAVO LIMONINEGA AIOLA:
a) V majhni skledi zmešajte majonezo, limonin sok, lupinico, česen ter 14 čajnih žličk soli in popra. Temeljito premešajte.
b) Aioli ohladite v dobro zaprti skledi ali kozarcu, dokler ni pripravljen za uporabo. Pripravite ga lahko do tri dni vnaprej.

ZA Brstični ohrovt:
c) Veliko ponev, primerno za pečico, segrejte na srednje visoko.
d) V ločeni skledi zmešajte oljčno olje, slanino in timijan; začinite s 14 žličkami soli in ščepcem popra. Med pogostim mešanjem kuhajte 4 minute ali dokler se slanina ne stopi.
e) Vanj stresemo brstični ohrovt in pustimo vreti 10 do 20 minut, ponev pa vsake 2-3 minute premešamo. Preveriti je treba mehkobo brstični izliv.
f) Ponev prestavimo v pečico na drva in pražimo kalčke, dokler se ne zmehčajo, približno 15 minut, ponev stresamo ali obračamo z veliko žlico, da se slanina ne prime in ne zažge.
g) Odstranite iz pečice na drva in hranite na toplem v pečici ali postrezite takoj.

29. Piščančja česnova nabodala

SESTAVINE:
- 16 unč piščanca, narezanega na trakove
- 1 žlica riževega kisa
- 2 vejici svežega rožmarina
- 2 vejici svežega timijana
- Majhen šopek peteršilja, drobno sesekljan
- 1 čajna žlička posušenega origana
- 4-3 stroki česna, sesekljani
- Lupina ene limone
- Sol in poper, začinite

NAVODILA:
a) V veliko posodo za mešanje položite piščanca. Preostale sestavine dobro premešajte.
b) Začinjenega piščanca 30 minut mariniramo v hladilniku.
c) Litoželezno ponev segrejte v pečici 1 minuto s kapljico oljčnega olja.
d) Kose piščanca nataknemo na nabodala (približno 4-5 kosov na nabodalo) in jih položimo na segreto ponev.
e) Ponev vrnite v pečico na drva in kuhajte 10-15 minut na odprti ponvi, dokler ni piščanec pečen in zlato rjav.
f) Enkrat na 2-3 minute ne pozabite zasukati.

30. Leseno pečeno mlado korenje

SESTAVINE:
- 200 g mešanega mladega korenja
- 1 zvezdasti janež
- 2 vejici rožmarina
- 2 čajni žlički dimljene paprike
- 5-10 ščepcev rjavega sladkorja
- 2 stroka česna
- ¼-½ skodelice vode
- 4 žlice masla

NAVODILA:
a) Korenje položite v litoželezno ponev in vse skupaj poškropite z olivnim oljem. Začinimo po okusu, nato potresemo s sladkorjem in dimljeno papriko.
b) Pretlačite stroke česna in jih v ponev stresite k rožmarinu in janežu.
c) Kuhamo 15-20 minut v pečici na drva. D
d) Korenje v rednih intervalih stresajte približno 2-3 minute, dokler voda ne odteče in korenje ni zelo mehko.

31. Dimljene kozice na žaru

SESTAVINE:
- 1 funt surove kraljeve kozice
- 1 žlica olivnega olja
- ⅓ skodelice masla
- Z est in sok 1 limone
- 1 strok česna, strt
- S sol in sveže mleti črni poper

NAVODILA:
a) Vsako kozico najprej z ostrim nožem zarežite po zadnji strani lupine.
b) Kozice dajte v ponev. Pokapljajte z oljčnim oljem in jih stresite na plašč, ko so vsi točkovani. Po okusu dodamo malo soli in popra.
c) Ko je pečica na drva segreta, vanjo postavite ponev in kuhajte 10 minut, kozice pa na polovici obrnite .
d) Za pripravo omake samo zmešajte maslo, limonino lupinico in sok ter česen v toplotno odporni skledi. Po okusu dodamo malo soli in popra.
e) Medtem ko se kozice pečejo, omako postavimo v topel kot pečice, da se stopi - pri vratih je odlična.
f) Postrezite.

32. Sardine na žaru

SESTAVINE:
- 1 kumara, narezana na kocke
- 1 šalotka, drobno narezana
- 2 stroka česna, zdrobljena
- 4 žlice ekstra deviškega oljčnega olja
- 3 žlice sesekljanega svežega kopra
- 3 žlice sesekljanih listov sveže mete
- 3 žlice sesekljanih svežih koriandrovih listov
- 2 limeti, samo sok
- 16 sardin, luske in drobovje odstranjeni
- Morska sol in črni poper po okusu

NAVODILA:
a) Pustite, da plameni v peči na drva zatlejejo in nato ugasnejo.
b) Za pripravo Salse: V skledi zmešajte kumare, šalotko, česen, olje, zelišča in limetin sok, nato pa po okusu začinite s soljo in sveže mletim črnim poprom.
c) Sardele dajte v veliko ponev in potisnite v pečico.
d) Kuhajte 5-6 minut oziroma dokler sardele ne počrnijo in se skuhajo.
e) Sardele položite na krožnik za serviranje. Salso postrezite ob strani.

33. Gratiniran krompir

SESTAVINE:
- 1 funt opranega, oluščenega in na tanke rezine narezanega krompirja
- 1 čebula
- 4 žlice . maslo
- 1 skodelica težke smetane
- 1 skodelica piščančje juhe
- 4 žlice naribanega parmezana
- Sol in poper po okusu.

NAVODILA:
a) Krompir in čebulo operemo, nato pa ju na tanko narežemo.
b) V terakotni pekač ali veliko ponev položite ⅓ krompirja in čebule. Vsako plast potresemo s soljo in poprom ter tretjino masla .
c) Nadaljujte z nalaganjem plasti, dokler ne porabite vsega krompirja.
d) V posodo vlijemo smetano in osnovo, nato pa prelijemo s sirom in zadnjo maslo.
e) Pokrijte z aluminijasto folijo.
f) Pečemo eno uro.

34.Začinjena čičerika s čilijem

SESTAVINE:
- 3 skodelice kuhana čičerika
- 1 žlica olivnega olja
- 2 žlički kuminovih semen
- 2 čajni žlički semen nigelle
- 2 čajni žlički čilijevih kosmičev po okusu
- Kosmiči morske soli

NAVODILA:
a) V manjši pekač v enem sloju stresemo odcejeno in oprano čičeriko.
b) Pokapajte z oljem in po vrhu potresite kumino, nigello in čilijeve kosmiče. Dodajte velikodušen ščepec kosmičev morske soli, da se združijo.
c) Ponev postavimo v segreto pečico na drva in pražimo čičeriko približno 30 minut, občasno pretresemo posodo, da se premeša, da se enakomerno speče.
d) Biti morajo hrustljavi in bogate zlato rjave barve. Pustite, da se nekoliko ohladi, preden ga prestavite v servirno skledo.

35. Dimljeni mandlji

SESTAVINE:
- 1½ skodelice celih mandljev
- 1 žlica olivnega olja
- 2 žlički dimljene paprike, po okusu
- Kosmiči morske soli

NAVODILA:
a) Mandlje razporedite v eni plasti v manjši pekač.
b) Pokapajte z oljem in začinite s papriko in morsko soljo ter premešajte, da se zelenjava enakomerno prekrije.
c) Damo v pečico na drva in pečemo pekač, dokler mandlji ne porjavijo in zadišijo, enkrat ali dvakrat premešamo.
d) Odstavite, da se nekoliko ohladi, preden ga prestavite v servirno skledo.

36.Slani kumini in rženi krekerji

SESTAVINE:
- 1 skodelica navadne moke
- 1 skodelica ržene moke
- 1 čajna žlička temno rjavega sladkorja
- ½ čajne žličke pecilnega praška
- ½ čajne žličke fine soli
- ¼ skodelice masla, kocka d
- ½ skodelice mleka
- 1 jajce, pretepeno
- 2 žlici kuminih semen, po okusu
- Kosmiči morske soli

NAVODILA:
a) V posodi za mešanje zmešajte obe moki, sladkor, pecilni prašek in sol.
b) Dodamo kocke masla in jih vmešamo toliko časa, da se popolnoma vpijejo v moko;
c) Prilijemo mleko in z žlico mešamo, da dobimo gladko testo. Zavijemo v prozorno folijo in pustimo na sobni temperaturi 30 minut.
d) Ko ste pripravljeni na peko, rahlo pomokajte delovno površino in pekač.
e) Testo razvaljamo tako, da se čim bolj prilega obliki pekača.
f) Krekerje povsod prebodemo z vilicami, nato pa jih globoko prebodemo.
g) V skledo razbijemo jajce in ga rahlo stepemo z žlico vode. S čopičem premažite testo, nato pa na vrh potresite semena kumine in izdatno količino kosmičev morske soli.
h) Postavite v pečico na drva in pecite 20 minut pri približno 350 °F.
i) Ko se krekerji ohladijo, jih razrežite po zareznih črtah in postrezite.

GOVEDINA IN JAGNJETINA

37. Jagnječji kotleti na žaru z metinim pestom

SESTAVINE:
- 8 jagnječjih kotletov
- Olivno olje
- Sol in poper po okusu
- 1 skodelica svežih listov mete
- 1/4 skodelice pinjol
- 2 stroka česna
- 1/4 skodelice naribanega parmezana
- Sok 1 limone
- Sol in poper po okusu

NAVODILA:
a) Predgrejte žar na oglje na srednje visoko temperaturo.
b) Jagnječje kotlete premažite z olivnim oljem ter začinite s soljo in poprom.
c) Jagnječje kotlete pecite na žaru 3-4 minute na vsaki strani ali dokler ne dosežejo želene stopnje pečenosti.
d) V kuhinjskem robotu zmešajte liste sveže mete, pinjole, česen, parmezan, limonin sok, sol in poper. Pulzirajte, dokler ni drobno sesekljan.
e) Pri delujočem motorju počasi kapljajte oljčno olje, dokler pesto ne doseže želene konsistence.
f) Jagnječje kotlete na žaru postrezite vroče s kančkom metinega pesta na vrhu.

38. Goveji ražnjiči na žaru z omako Chimichurri

SESTAVINE:
- 1 lb govejega fileja, narezanega na kocke
- češnjev paradižnik
- Koščki rdeče čebule
- Koščki paprike
- Olivno olje
- Sol in poper po okusu
- Lesena nabodala, namočena v vodi
- Chimichurri omaka

NAVODILA:
a) Predgrejte žar na oglje na srednje visoko temperaturo.
b) Na nabodala izmenično nanizajte goveje kocke, češnjeve paradižnike, krhlje rdeče čebule in krhlje paprike.
c) Nabodala premažite z olivnim oljem ter začinite s soljo in poprom.
d) Pečemo ražnjiče na žaru 8-10 minut, občasno jih obrnemo ali dokler govedina ni pečena do želene stopnje pečenosti in zelenjava ni mehka in rahlo zoglenela.
e) Goveje ražnjiče na žaru postrezite vroče z izdatnim pokapanjem omake chimichurri.

39.Ribeye zrezek na žaru s česnovim maslom

SESTAVINE:
- 2 rebulna zrezka
- Olivno olje
- Sol in poper po okusu
- Česnovo maslo:
- 4 žlice nesoljenega masla, zmehčanega
- 2 stroka česna, nasekljana
- 1 žlica sesekljanega svežega peteršilja
- Sol in poper po okusu

NAVODILA:
a) Predgrejte žar na oglje na srednje visoko temperaturo.
b) Zrezke rebule premažemo z olivnim oljem ter začinimo s soljo in poprom.
c) Zrezke pecite 4-5 minut na vsaki strani ali dokler ne dosežejo želene stopnje pečenosti.
d) V majhni skledi zmešajte zmehčano maslo, nasekljan česen, sesekljan svež peteršilj, sol in poper, dokler se dobro ne poveže.
e) Vsak zrezek, ko je še vroč, namažite s kepico česnovega masla.
f) Pred serviranjem zrezke pustimo počivati nekaj minut, da se okusi prepojijo.
g) Pečene rebule postrezite tople z najljubšo prilogo.

40. Jagnjetina na žaru s feto in cacikijem

SESTAVINE:
- 1 lb mlete jagnjetine
- 1/2 skodelice zdrobljenega feta sira
- 2 stroka česna, nasekljana
- 2 žlici sesekljane sveže mete
- 1/2 čajne žličke mlete kumine
- Sol in poper po okusu
- Olivno olje
- Burger štručke
- Tzatziki omaka
- Solatni listi
- Narezan paradižnik
- Narezana rdeča čebula

NAVODILA:
a) Predgrejte žar na oglje na srednje visoko temperaturo.
b) V veliki skledi zmešajte mleto jagnjetino, nadrobljen feta sir, sesekljan česen, sesekljano svežo meto, mleto kumino, sol in poper, dokler se dobro ne poveže.
c) Mešanico jagnjetine razdelite na enake dele in oblikujte pleskavice.
d) Polpete za burger premažite z olivnim oljem.
e) Jagnječje burgerje pecite na žaru 4-5 minut na vsaki strani ali dokler niso pečeni do želene stopnje pečenosti.
f) Pečemo burger žemljice na žaru minuto ali dve, dokler ne postanejo rahlo zlate.
g) Jagnječje burgerje na žaru sestavite tako, da na spodnjo polovico vsake žemlje položite list zelene solate, nato pa jagnječjo polpeto, narezan paradižnik, narezano rdečo čebulo in kanček tzatziki omake.
h) Prekrijte z drugo polovico žemlje in postrezite vroče. Uživajte v okusnih jagnječjih burgerjih!

41. Goveji file na žaru z omako iz rdečega vina

SESTAVINE:
- 2 goveja zrezka
- Olivno olje
- Sol in poper po okusu
- Za omako iz rdečega vina:
- 1 skodelica rdečega vina
- 1/2 skodelice goveje juhe
- 2 žlici nesoljenega masla
- 2 stroka česna, nasekljana
- 1 čajna žlička svežih listov timijana
- Sol in poper po okusu

NAVODILA:
a) Predgrejte žar na oglje na srednje visoko temperaturo.
b) Zrezke govejega fileja premažemo z olivnim oljem ter začinimo s soljo in poprom.
c) Zrezke pecite 4-5 minut na vsaki strani ali dokler ne dosežejo želene stopnje pečenosti.
d) Medtem ko se zrezki pečejo, pripravimo omako iz rdečega vina. V ponvi zmešajte rdeče vino, govejo juho, sesekljan česen in liste svežega timijana. Na srednjem ognju pustimo vreti.
e) Omako kuhajte, dokler se ne zmanjša za polovico, približno 10-15 minut.
f) Odstranite ponev z ognja in vmešajte maslo, dokler se ne stopi in postane gladko. Začinimo s soljo in poprom po okusu.
g) Zrezke govejega fileja na žaru postrezite vroče z omako iz rdečega vina po vrhu.

42. Jagnjetina kofta na žaru

SESTAVINE:
- 1 lb mlete jagnjetine
- 1 majhna čebula, naribana
- 2 stroka česna, nasekljana
- 2 žlički mlete kumine
- 1 čajna žlička mletega koriandra
- 1 čajna žlička paprike
- Sol in poper po okusu
- Olivno olje
- Tzatziki omaka za serviranje

NAVODILA:
a) Predgrejte žar na oglje na srednje visoko temperaturo.
b) V veliki skledi zmešajte mleto jagnjetino, naribano čebulo, sesekljan česen, mleto kumino, mleti koriander, papriko, sol in poper. Mešajte, dokler se dobro ne poveže.
c) Jagnjetino razdelite na enake dele in okrog nabodala oblikujte dolge klobasice.
d) Kebabe premažite z oljčnim oljem.
e) Jagnječje kofte pečemo na žaru 8-10 minut, občasno obračamo, dokler niso pečeni in rahlo zogleneli.
f) Jagnječje kofte na žaru postrezite vroče s tzatziki omako za pomakanje.

43. Goveja nabodala na žaru s Teriyaki glazuro

SESTAVINE:
- 1 lb govejega fileja, narezanega na kocke
- 1/4 skodelice sojine omake
- 2 žlici medu
- 2 žlici riževega kisa
- 1 žlica sezamovega olja
- 2 stroka česna, nasekljana
- 1 čajna žlička naribanega svežega ingverja
- Olivno olje
- Sezamovo seme za okras
- Narezana zelena čebula za okras

NAVODILA:
a) Predgrejte žar na oglje na srednje visoko temperaturo.
b) V skledi zmešajte sojino omako, med, rižev kis, sezamovo olje, mlet česen in nariban ingver, da naredite teriyaki glazuro.
c) Goveje kocke nataknemo na nabodala.
d) Goveja nabodala premažite z olivnim oljem ter rahlo začinite s soljo in poprom.
e) Goveja nabodala pečemo na žaru 3-4 minute na vsaki strani, zadnjih nekaj minut peke jih premažemo z glazuro teriyaki.
f) Nadaljujte s kuhanjem, dokler ni govedina kuhana in posteklenjena.
g) Odstranite z žara in pred serviranjem potresite s sezamovimi semeni in narezano zeleno čebulo.

44. Jagnječja rebra na žaru z marinado iz rožmarina in česna

SESTAVINE:
- 2 lbs jagnječjih reber
- 1/4 skodelice olivnega olja
- 4 stroki česna, sesekljani
- 2 žlici sesekljanega svežega rožmarina
- Sol in poper po okusu
- Limonine rezine za serviranje

NAVODILA:
a) Predgrejte svoj žar na srednjem ognju.
b) V skledi zmešajte oljčno olje, sesekljan česen, sesekljan svež rožmarin, sol in poper, da dobite marinado.
c) Z marinado vtrite vsa jagnječja rebra in jih enakomerno prekrijte.
d) Pustite, da se jagnječja rebra marinirajo vsaj 30 minut ali pa jih pustite v hladilniku do 24 ur za največji okus.
e) Jagnječja rebra pečemo na žaru 15-20 minut, občasno obračamo, dokler niso pečena in karamelizirana na zunanji strani.
f) Jagnječja rebra na žaru postrezite vroča z rezinami limone, da jih po vrhu ožemite. Uživajte!

45.Tri-Tip Aka Santa Maria Steak

SESTAVINE:
- 2-3 funtov pečenka s tremi konicami, obrezana
- 6 strokov česna mletega
- 2 žlici olivnega olja
- ¾ čajna žlička soli
- 2 skodelici lesnih sekancev, po možnosti hrastovih
- 1 čajna žlička popra
- ¾ čajne žličke česnove soli

NAVODILA:
a) Česen, olje in sol stresite skupaj in natrite po pečenki. Hladite 1 uro ali do 24 ur po zavitju v plastično folijo.
b) Meso potresemo s poprom in česnovo soljo.
c) Postavite na predhodno segreto odprto ponev, primerno za pečico.
d) Zrezek nekajkrat obrnite ... Kuhajte 25-35 minut ali dokler ni pečen po vaših željah.
e) Meso prenesite na desko za rezanje in pustite stati 20 minut, ohlapno pokrito s folijo.
f) Tanko narežite čez zrno. Postrezite.

46. File za peč na drva Mignon

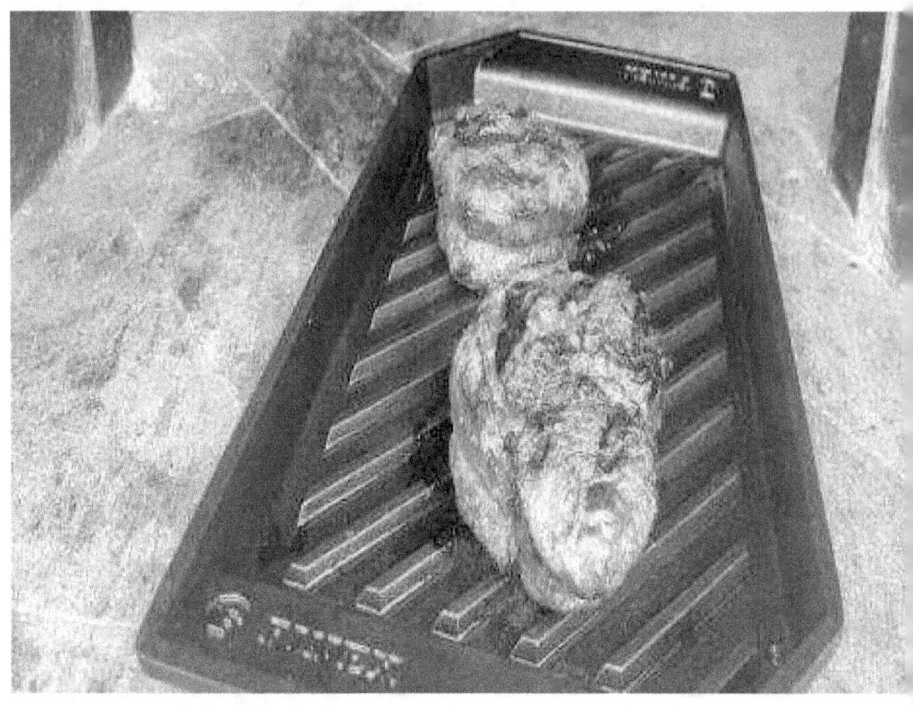

SESTAVINE:
- 3 debeli goveji fileji
- 3 žlice masla
- Sol in poper po okusu
- Česnovo in zeliščno maslo
- ½ palčke masla
- 1 žlica sesekljanega svežega rožmarina
- 1 žlica sesekljanega svežega pehtrana
- ½ žlice mletega česna

NAVODILA:
a) Meso na obeh straneh temeljito posolite in popoprajte.
b) V litoželezni ponvi stopite navadno maslo in ponev segrejte, dokler ni vroča.
c) Fileje položite z licem navzdol in jih nemoteno pražite 2 minuti. Fileje pražimo še 2 minuti na drugi strani.
d) Postavite ponev v pečico na drva in kuhajte 0-15 minut, vsake 2-3 minute pa jo obrnite.
e) Odstranite fileje iz ponve in jih položite na krožnik, rahlo pokrijte s kositrno folijo in pustite stati 5 minut, preden jih postrežete.

47. Počasno pečeno jagnječje pleče

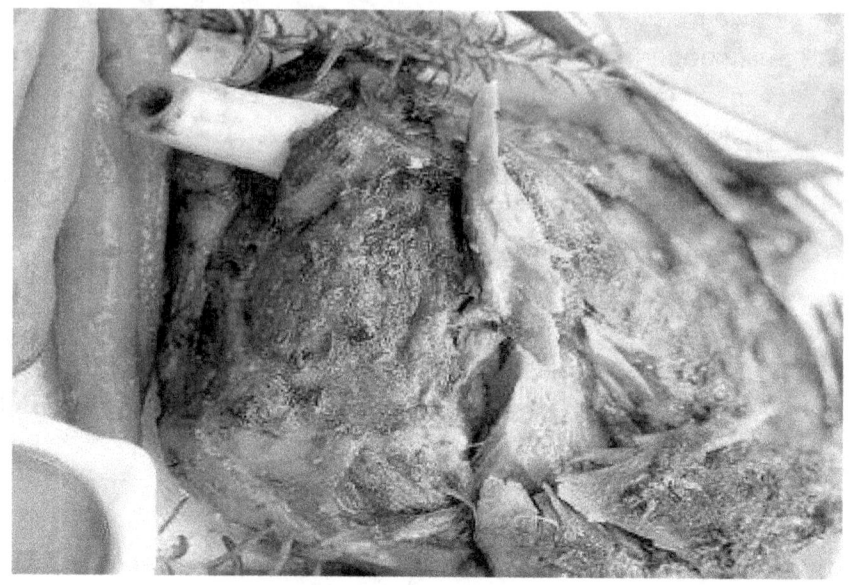

SESTAVINE:

- 2 žlici zmletih semen komarčka
- 1 žlica črnega popra v zrnu, mletega
- 6 mastnih strokov česna, grobo sesekljanih
- 1 žlica oljčnega olja
- 1 čajna žlička solnih kosmičev
- 5 funtov . jagnječje pleče, s kostjo
- 2 veliki čebuli, narezani
- 14 unč Srednje očiščeno korenje
- S sol in sveže mleti črni poper

NAVODILA:

a) Za pripravo paste zmešajte česen, olivno olje in sol v kuhinjskem robotu.
b) Jagnjetino položimo v velik pekač in z ostrim nožem po njem naredimo na desetine majhnih zarez.
c) Na jagnjetino z žlico nanesite pasto iz semen koromača in jo čim bolj vtrite, vtrite v zareze.
d) Ohladite za nekaj ur .
e) Postavite v pečico na drva za 2 uri , da se zapeče.
f) Čebulo in celotno korenje razporedite po jagnjetini, jih obračajte, da se namakajo s sokom, in vrnite v pečico za nadaljnjo uro, ko mora biti vse zelo mehko.
g) Jagnjetino prestavite na servirni pladenj in okoli nje raztresite zelenjavo ter po žlički prelijte morebitni sok iz ponve.

PERUTNINA

48. Piščančje prsi z limoninimi zelišči na žaru

SESTAVINE:
- 4 piščančje prsi brez kosti in kože
- 2 žlici olivnega olja
- Lupina in sok 1 limone
- 2 stroka česna, nasekljana
- 1 žlica sesekljanega svežega peteršilja
- 1 čajna žlička sesekljanega svežega timijana
- Sol in poper po okusu

NAVODILA:
a) V majhni skledi zmešajte oljčno olje, limonino lupinico, limonin sok, sesekljan česen, sesekljan peteršilj, sesekljan timijan, sol in poper, da ustvarite marinado.
b) Piščančje prsi položite v plitvo posodo ali plastično vrečko, ki jo je mogoče zapreti, in jih prelijte z marinado. Prepričajte se, da je piščanec enakomerno prevlečen. Pustite, da se marinira v hladilniku vsaj 30 minut ali do 4 ure.
c) Predgrejte žar na oglje na srednje visoko temperaturo.
d) Odstranite piščančje prsi iz marinade in zavrzite vso odvečno marinado.
e) Piščančje prsi pečemo na žaru 6-8 minut na vsaki strani ali dokler niso pečene in imajo lepe sledi žara.
f) Odstranite z žara in pustite piščančje prsi počivati nekaj minut, preden jih postrežete. Postrezite vroče s svojimi najljubšimi prilogami.

49. Piščančja nabodala z medeno gorčico na žaru

SESTAVINE:
- 1 lb piščančjih beder brez kosti in kože, narezanih na koščke
- Lesena nabodala, namočena v vodi vsaj 30 minut

ZA MARINADO:
- 1/4 skodelice medu
- 2 žlici dijonske gorčice
- 2 žlici sojine omake
- 2 stroka česna, nasekljana
- 1 žlica olivnega olja
- Sol in poper po okusu

NAVODILA:

a) V majhni skledi zmešajte med, dijonsko gorčico, sojino omako, sesekljan česen, olivno olje, sol in poper, da naredite marinado.

b) Kose piščanca položite v plitvo posodo ali plastično vrečko, ki jo je mogoče zapreti, in jih prelijte z marinado. Prepričajte se, da je piščanec enakomerno prevlečen. Pustite, da se marinira v hladilniku vsaj 30 minut ali do 2 uri.

c) Predgrejte žar na oglje na srednje visoko temperaturo.

d) Na namočena lesena nabodala nanizajte marinirane kose piščanca.

e) Piščančja nabodala pečemo na žaru 5-6 minut na vsaki strani oziroma dokler niso pečena in rahlo zoglenela.

f) Odstranite z žara in pustite, da piščančja nabodala počivajo nekaj minut, preden jih postrežete. Postrezite vroče z dodatno medeno gorčično omako za pomakanje.

50.Začinjene BBQ piščančje krila na žaru

SESTAVINE:
- 2 lbs piščančjih peruti, razrezanih na spojih, konice odstranjene
- 1 skodelica BBQ omake
- 2 žlici pekoče omake
- 2 žlici medu
- 1 žlica olivnega olja
- Sol in poper po okusu

NAVODILA:
a) V skledi zmešajte BBQ omako, pekočo omako, med, oljčno olje, sol in poper, da ustvarite marinado.
b) Piščančje peruti položite v plitvo posodo ali plastično vrečko, ki jo je mogoče zapreti, in jih prelijte z marinado. Prepričajte se, da so piščanja peruti enakomerno obložena. Pustite jih marinirati v hladilniku vsaj 1 uro ali celo noč.
c) Predgrejte svoj žar na srednjem ognju.
d) Odstranite piščančje peruti iz marinade in prihranite odvečno marinado.
e) Piščančje peruti pečemo na žaru 10-12 minut na vsaki strani ali dokler niso pečene in hrustljave, občasno jih polivamo s prihranjeno marinado.
f) Odstranite z žara in pustite piščančje peruti počivati nekaj minut, preden jih postrežete. Postrezite vroče s palčkami zelene in prelivom iz ranča ali modrega sira.

51. Puranji burgerji z limono in česnom na žaru

SESTAVINE:
- 1 lb mletega purana
- 2 stroka česna, nasekljana
- Lupina in sok 1 limone
- 2 žlici sesekljanega svežega peteršilja
- 1 žlica olivnega olja
- Sol in poper po okusu
- Burger štručke
- Solatni listi
- Narezan paradižnik
- Narezana rdeča čebula

NAVODILA:
a) V veliki skledi zmešajte mletega purana, nasekljan česen, limonino lupinico, limonin sok, sesekljan peteršilj, olivno olje, sol in poper. Mešajte, dokler se dobro ne poveže.
b) Puranje mešanico razdelite na enake dele in oblikujte pleskavice.
c) Predgrejte žar na oglje na srednje visoko temperaturo.
d) Puranje burgerje pecite na žaru 5-6 minut na vsaki strani ali dokler niso pečeni in imajo lepe sledi žara.
e) Pečemo burger žemljice na žaru minuto ali dve, dokler ne postanejo rahlo zlate.
f) Sestavite puranje burgerje na žaru tako, da na spodnjo polovico vsake žemlje položite list zelene solate, nato puranje polpete, narezan paradižnik, narezano rdečo čebulo in zgornjo polovico žemlje.
g) Postrezite vroče in uživajte v okusnih puranjih burgerjih na žaru!

52. Teriyaki piščančja stegna na žaru

SESTAVINE:
- 4 piščančja stegna s kostjo in kožo
- 1/2 skodelice teriyaki omake
- 2 žlici sojine omake
- 2 žlici medu
- 2 stroka česna, nasekljana
- 1 čajna žlička naribanega svežega ingverja
- Sezamova semena in sesekljana zelena čebula za okras

NAVODILA:
a) V skledi zmešajte teriyaki omako, sojino omako, med, sesekljan česen in nariban ingver, da ustvarite marinado.
b) Piščančja bedra položite v plitvo posodo ali plastično vrečko, ki jo je mogoče zapreti, in jih prelijte z marinado. Prepričajte se, da je piščanec enakomerno prevlečen. Pustite, da se marinira v hladilniku vsaj 30 minut ali do 4 ure.
c) Predgrejte žar na oglje na srednje visoko temperaturo.
d) Odstranite piščančja stegna iz marinade in prihranite odvečno marinado.
e) Piščančja stegna pečemo na žaru s kožo navzdol 5-6 minut, nato jih obrnemo in pečemo na žaru dodatnih 5-6 minut, občasno polivamo s prihranjeno marinado, dokler ni piščanec pečen, koža pa hrustljava in karamelizirana.
f) Pečena piščančja stegna teriyaki prestavimo na servirni krožnik, potresemo s sezamom in sesekljano zeleno čebulo ter vroča postrežemo.

53. Piščančja nabodala z medeno limeto na žaru

SESTAVINE:
- 1 lb piščančjih prsi brez kosti in kože, narezanih na kocke
- Lesena nabodala, namočena v vodi vsaj 30 minut
- 1/4 skodelice medu
- Lupina in sok 2 limet
- 2 žlici sojine omake
- 2 stroka česna, nasekljana
- 1 čajna žlička čilija v prahu
- Sol in poper po okusu

NAVODILA:

a) V skledi zmešajte med, limetino lupinico, limetin sok, sojino omako, sesekljan česen, čili v prahu, sol in poper, da ustvarite marinado.

b) Piščančje kocke položite v plitvo posodo ali plastično vrečko, ki jo je mogoče zapreti, in jih prelijte z marinado. Prepričajte se, da je piščanec enakomerno prevlečen. Pustite, da se marinira v hladilniku vsaj 30 minut ali do 2 uri.

c) Predgrejte žar na oglje na srednje visoko temperaturo.

d) Na namočena lesena nabodala nanizamo marinirane piščančje kocke.

e) Piščančja nabodala pečemo na žaru 4-5 minut na vsaki strani oziroma dokler niso pečena in rahlo zoglenela.

f) Odstranite z žara in pustite, da piščančja nabodala počivajo nekaj minut, preden jih postrežete. Postrezite vroče z rezinami limete za stiskanje po vrhu.

54.Cajun piščančje krače na žaru

SESTAVINE:
- 8 piščančjih krač
- 2 žlici olivnega olja
- Cajun začimba

NAVODILA:
a) V majhni skledi zmešajte vse sestavine začimb Cajun.
b) Piščančje krače natremo z olivnim oljem ter začinimo s soljo in poprom.
c) Začimbe Cajun potresite po piščančjih kračih in zagotovite, da so enakomerno prekrite.
d) Predgrejte žar na oglje na srednje visoko temperaturo.
e) Piščančje krače pečemo na žaru 25-30 minut, občasno obračamo, dokler niso pečene in imajo hrustljavo, zoglenelo zunanjost.
f) Odstranite z žara in pustite piščančje bedre počivati nekaj minut, preden jih postrežete. Postrezite vroče s svojo najljubšo omako ali prilogo.

55. Puranje prsi z limono in česnom na žaru

SESTAVINE:
- 1 puranja prsa brez kosti in kože
- 1/4 skodelice olivnega olja
- Lupina in sok 2 limon
- 4 stroki česna, sesekljani
- 1 žlica sesekljanega svežega rožmarina
- Sol in poper po okusu

NAVODILA:
a) V skledi zmešajte oljčno olje, limonino lupinico, limonin sok, sesekljan česen, sesekljan svež rožmarin, sol in poper, da ustvarite marinado.
b) Puranje prsi položite v plitvo posodo ali plastično vrečko, ki jo je mogoče zapreti, in jih prelijte z marinado. Prepričajte se, da je puran enakomerno prevlečen. Pustite, da se marinira v hladilniku vsaj 1 uro ali celo noč.
c) Predgrejte žar na oglje na srednje visoko temperaturo.
d) Odstranite puranje prsi iz marinade in zavrzite odvečno marinado.
e) Puranje prsi pečemo na žaru 20-25 minut, občasno obračamo, dokler niso pečene in imajo lepe sledi žara.
f) Odstranite z žara in pustite puranje prsi počivati nekaj minut, preden jih narežete. Postrezite vroče s svojimi najljubšimi prilogami.

56. Pekinška raca

SESTAVINE:
- 4½ funtov . cela raca
- 2 žlici tekočega medu
- 1 žlica sečuanskega popra v zrnu
- 1 žlica morske soli
- 1 žlica kitajskih petih začimb v prahu
- 1 žlica sode bikarbone
- 6 mlado čebulo , grobo sesekljano
- 3½ unč svežega ingverja, grobo sesekljanega

SLUŽITI
- P alačinke
- 1 šopek mlade čebule
- ½ velike kumare, narezane na tanke rezine
- Hoisin omaka

NAVODILA:
a) Med vmasirajte po raci.
b) V možnarju zdrobite zrna sečuanskega popra in morsko sol v grob prah. Vmešajte kitajski prašek s petimi začimbami in pecilni prašek .
c) Mešanico enakomerno porazdelite po raci in jo vmasirajte v medeno kožo.
d) V vdolbino nadevajte polovico mlade čebule in ingver.
e) Pecite 35 minut v vroči pečici na drva , pri čemer pekač zavrtite do polovice, da zagotovite enakomerno hrustljavost.
f) Na polovici pečenja raco obrnemo, da bo tudi spodnja stran hrustljava.

SVINJINA

57. Svinjski file na žaru z javorjevo gorčično glazuro

SESTAVINE:
- 1 svinjski file (približno 1 lb)
- Sol in poper po okusu
- 1/4 skodelice javorjevega sirupa
- 2 žlici dijonske gorčice
- 1 žlica sojine omake
- 2 stroka česna, nasekljana
- 1 čajna žlička naribanega svežega ingverja

NAVODILA:
a) Predgrejte žar na oglje na srednje visoko temperaturo.
b) Svinjski file začinite s soljo in poprom.
c) V majhni skledi zmešajte javorjev sirup, dijonsko gorčico, sojino omako, mlet česen in nariban ingver, da naredite glazuro.
d) Svinjski file premažite z glazuro, prihranite nekaj za polivanje.
e) Svinjski file pecite na žaru približno 15-20 minut, občasno ga obrnite in polijte s preostalo glazuro, dokler ne doseže notranje temperature 145 °F (63 °C).
f) Odstranite z žara in pustite počivati nekaj minut, preden ga narežete. Postrezite vroče in uživajte v okusnem svinjskem fileju, glaziranem z javorjevo gorčico.

58. Svinjski kotleti na žaru z balzamično medeno marinado

SESTAVINE:
- 4 svinjske kotlete
- Sol in poper po okusu
- 1/4 skodelice balzamičnega kisa
- 2 žlici medu
- 2 stroka česna, nasekljana
- 1 čajna žlička posušenega timijana
- 1/2 čajne žličke kosmičev rdeče paprike (neobvezno)

NAVODILA:
a) Predgrejte žar na oglje na srednje visoko temperaturo.
b) Svinjske kotlete začinite s soljo in poprom.
c) V majhni skledi zmešajte balzamični kis, med, mleti česen, posušen timijan in kosmiče rdeče paprike (če jih uporabljate), da naredite marinado.
d) Svinjske kotlete položite v plitvo posodo ali plastično vrečko, ki jo je mogoče zapreti, in jih prelijte z marinado. Prepričajte se, da so svinjski kotleti enakomerno obloženi. Pustite jih marinirati v hladilniku vsaj 30 minut ali do 4 ure.
e) Odstranite svinjske kotlete iz marinade in zavrzite vso odvečno marinado.
f) Svinjske kotlete pecite na žaru približno 5-7 minut na vsaki strani ali dokler niso pečeni in imajo lepe sledi žara.
g) Odstranite z žara in pustite, da svinjski kotleti počivajo nekaj minut, preden jih postrežete. Postrezite vroče in uživajte v okusnih balzamičnih svinjskih kotletih z medom.

59.Svinjska nabodala na žaru s korejsko BBQ omako

SESTAVINE:
- 1 lb svinjskega trebuha, narezanega na grižljaj velike kose
- Lesena nabodala, namočena v vodi vsaj 30 minut

ZA KOREJSKO BBQ OMAKO:
- 1/4 skodelice sojine omake
- 2 žlici rjavega sladkorja
- 1 žlica sezamovega olja
- 2 stroka česna, nasekljana
- 1 čajna žlička naribanega svežega ingverja
- 1 žlica gochujang (korejska čili pasta)
- 1 žlica riževega kisa

NAVODILA:
a) Predgrejte žar na oglje na srednje visoko temperaturo.
b) Na namočena lesena nabodala navijte koščke svinjskega trebuha.
c) V majhni ponvi zmešajte vse sestavine za korejsko BBQ omako. Pustite vreti na zmernem ognju in kuhajte 3-4 minute, dokler se omaka nekoliko ne zgosti.
d) Svinjska nabodala pecite na žaru približno 8-10 minut, občasno jih obrnite in polijte s korejsko BBQ omako, dokler niso pečena in karamelizirana.
e) Odstranite z žara in pustite, da nabodala počivajo nekaj minut, preden jih postrežete. Postrezite vroče in uživajte v okusnih korejskih svinjskih nabodalih z žara.

60. Svinjski ribeye zrezki na žaru z zeliščnim maslom

SESTAVINE:
- 4 svinjski rebulni zrezki
- Sol in poper po okusu
- 4 žlice nesoljenega masla, zmehčanega
- 2 stroka česna, nasekljana
- 1 žlica sesekljanega svežega peteršilja
- 1 žlica sesekljanega svežega timijana
- Lupina 1 limone

NAVODILA:
a) Predgrejte žar na oglje na srednje visoko temperaturo.
b) Svinjske rebule začinimo s soljo in poprom.
c) V manjši skledi zmešamo zmehčano maslo, sesekljan česen, sesekljan svež peteršilj, sesekljan svež timijan in limonino lupinico, da dobimo zeliščno maslo.
d) Svinjske rebule zrezke pečemo na žaru približno 4-5 minut na vsaki strani oziroma dokler niso pečeni in imajo lepe sledi žara.
e) Odstranite z žara in pustite, da svinjski rebula počiva nekaj minut, preden ga postrežete. Postrezite vroče, s koščkom zeliščnega masla na vrhu vsakega zrezka. Uživajte v slastno začinjenih svinjskih rebulah na žaru.

61. Svinjski hrbet na žaru z glazuro iz jabolčnega moštnika

SESTAVINE:
- 1 svinjski hrbet (približno 2 lbs)
- Sol in poper po okusu
- 1 skodelica jabolčnega moštnika
- 2 žlici javorjevega sirupa
- 1 žlica dijonske gorčice
- 2 stroka česna, nasekljana
- 1 čajna žlička jabolčnega kisa

NAVODILA:
a) Predgrejte žar na oglje na srednje visoko temperaturo.
b) Svinjski hrbet začinimo s soljo in poprom.
c) V majhni ponvi zmešajte jabolčni moštnik, javorjev sirup, dijonsko gorčico, sesekljan česen in jabolčni kis. Pustite vreti na srednjem ognju in kuhajte 8-10 minut, dokler se glazura nekoliko ne zgosti.
d) Svinjski hrbet pecite na žaru približno 20-25 minut, občasno ga obrnite in polijte z glazuro iz jabolčnega moštnika, dokler ne doseže notranje temperature 145 °F (63 °C).
e) Odstranite z žara in pustite, da svinjski hrbet počiva nekaj minut, preden ga narežete. Postrezite vroče, pokapano s preostalo glazuro.

62.Nasveti za svinjska rebra na žaru z medeno BBQ omako

SESTAVINE:
- 2 lbs konice svinjskih reber
- Sol in poper po okusu

ZA MEDENO BBQ OMAKO:
- 1 skodelica kečapa
- 1/4 skodelice medu
- 2 žlici jabolčnega kisa
- 1 žlica Worcestershire omake
- 1 čajna žlička prekajene paprike
- 1/2 čajne žličke česna v prahu
- Sol in poper po okusu

NAVODILA:
a) Predgrejte žar na oglje na srednje visoko temperaturo.
b) Konice svinjskih reber začinite s soljo in poprom.
c) V skledi zmešajte vse sestavine za medeno BBQ omako.
d) Konice svinjskih reber pecite na žaru približno 15-20 minut, občasno jih obrnite in polijte z medeno BBQ omako, dokler niso kuhane in karamelizirane.
e) Odstranite z žara in pustite, da konice svinjskih reber počivajo nekaj minut, preden jih postrežete. Postrezite vroče, z dodatno medeno BBQ omako ob strani za pomakanje.

63. Svinjski kotleti na žaru z marinado iz limonovih zelišč

SESTAVINE:
- 4 svinjski kotleti
- Sol in poper po okusu
- 1/4 skodelice olivnega olja
- Lupina in sok 1 limone
- 2 stroka česna, nasekljana
- 1 žlica sesekljanega svežega peteršilja
- 1 žlica sesekljanega svežega timijana

NAVODILA:
a) Predgrejte žar na oglje na srednje visoko temperaturo.
b) Svinjske kotlete začinimo s soljo in poprom.
c) V skledi zmešajte oljčno olje, limonino lupinico, limonin sok, sesekljan česen, sesekljan peteršilj in sesekljan timijan, da naredite marinado.
d) Svinjske kotlete položite v plitvo posodo ali plastično vrečko, ki jo je mogoče zapreti, in jih prelijte z marinado. Prepričajte se, da so svinjski kotleti enakomerno obloženi. Pustite jih marinirati v hladilniku vsaj 30 minut ali do 2 uri.
e) Svinjske kotlete pecite na žaru približno 3-4 minute na vsaki strani oziroma dokler niso pečeni in imajo lepe sledi žara.
f) Odstranite z žara in pustite, da svinjski kotleti počivajo nekaj minut, preden jih postrežete. Postrezite vroče in uživajte v okusnih svinjskih kotletih na žaru z limoninimi zelišči.

64. Svinjska nabodala na žaru z ananasovo salso

SESTAVINE:
- 1 lb svinjskega fileja, narezanega na kocke
- Lesena nabodala, namočena v vodi vsaj 30 minut
- Sol in poper po okusu

ZA ANANASOVO SALSO:
- 1 skodelica narezanega ananasa
- 1/2 skodelice na kocke narezane rdeče paprike
- 1/4 skodelice narezane rdeče čebule
- 1 jalapeño, brez semen in drobno narezan
- Sok 1 limete
- 2 žlici sesekljanega svežega cilantra
- Sol in poper po okusu

NAVODILA:
a) Predgrejte žar na oglje na srednje visoko temperaturo.
b) Kocke svinjskega fileja začinimo s soljo in poprom.
c) Svinjske kocke nanizamo na namočena lesena nabodala.
d) Svinjska nabodala pečemo na žaru približno 8-10 minut, občasno obračamo, dokler niso pečena in rahlo zoglenela.
e) V skledi zmešajte vse sestavine za ananasovo salso.
f) Svinjska nabodala na žaru postrezite vroča z ananasovo salso na vrhu. Uživajte v kombinaciji sočne svinjine in pikantne ananasove salse!

RIBE IN MORSKI SADEŽI

65. Vinske školjke na žaru

SESTAVINE:
- 2 funta svežih školjk, skrtačenih in očiščenih
- 2 žlici olivnega olja
- 4 stroki česna, sesekljani
- 1/2 skodelice belega vina
- 1/4 skodelice sesekljanega svežega peteršilja
- Sol in poper po okusu
- Limonine rezine za serviranje

NAVODILA:
a) Predgrejte žar na srednje visoko temperaturo.
b) V veliki skledi premešajte očiščene školjke z olivnim oljem, mletim česnom, sesekljanim peteršiljem, soljo in poprom, dokler niso enakomerno prekrite.
c) Začinjene školjke položite neposredno na rešetke žara, pri čemer pazite, da so v eni plasti in da niso prenatrpane.
d) Zaprite pokrov žara in kuhajte školjke 5-7 minut ali dokler se ne začnejo odpirati. Bodite pozorni nanje in odstranite vse školjke, ki se zgodaj odprejo, da preprečite prekuhanost.
e) Medtem ko se školjke kuhajo, v majhni kozici ali ponvi na zmernem ognju segrevajte belo vino, da zavre.
f) Ko se školjke odprejo, jih s kleščami ali žlico z režami previdno prenesite na servirni krožnik in zavrzite školjke, ki se niso odprle.
g) Kuhane školjke prelijemo z vročim belim vinom.
h) Takoj postrezite na oglju pečene vinske školjke, okrašene z dodatnim sesekljanim peteršiljem in limoninimi rezinami ob strani, da jih stisnete čez školjke.

66. Pečeno na lesu Čilski brancin

SESTAVINE:
- Dva 1½-kilogramska cela črtasta zadnjica
- 1 velik strok česna, olupljen in narezan na rezine
- 2 žlici masla
- 2 žlički košer soli

ZA OKRAS:
- 12 mladic čebule ali čebule
- 2 žlici olivnega olja
- Sol

NAVODILA:
a) Ribi zarežite stranice in v zareze položite rezine česna.
b) Ribe začinimo s soljo in maslom .
c) Ponev segrejte na srednje močnem ognju in pecite približno 8 minut na vsako stran.
d) Ko obrnete ribe, mlado čebulo premažite z oljčnim oljem in soljo ter nadaljujte s kuhanjem ob ribah preostalih 8 minut.
e) Ribe in čebulo položite na topel krožnik in uživajte.

67. Kari školjke

SESTAVINE:
- 1 žlica rastlinskega olja
- 14 unč kositra kokosovega mleka
- 2 žlici ribje omake
- 2 funtov .. školjke, oprane in brez brade
- 4 žlice karijeve paste

NAVODILA:
a) V globoki ponvi segrejte olje tako, da ga za minuto postavite v pečico.
b) Vmešajte curry pasto in jo vrnite v pečico za 10 minut ali dokler ne zadiši .
c) Vmešajte kokosovo mleko in ribjo omako, nato pa ponev za 5 minut vrnite v pečico, da zavre.
d) Nazadnje dodamo školjke in jih stresemo v omako, da se obložijo.
e) Kuhajte 10 minut, ponev enkrat ali dvakrat premaknite, da zagotovite enakomerno kuhanje školjk.

68.Repi jastoga iz peči na drva

SESTAVINE:
- 2 jastogova repa s
- 3 žlice masla, stopljenega
- 1 čajna žlička soli
- 1 čajna žlička črnega popra
- 1 čajna žlička česna v prahu
- 1 čajna žlička paprike
- 1 čajna žlička svežega peteršilja, sesekljanega
- 1 čajna žlička limoninega soka

NAVODILA:

a) S čistimi škarjami ali kuhinjskimi škarjami zarežite po sredini vrha lupine, proti plavuti repa, pri čemer pazite, da režete v ravni črti. Ne prerežite konca repa.

b) Z žlico ločite meso od obeh strani lupine, nato pa meso dvignite navzgor in iz lupine.

c) Meso položite čez spoj, kjer se lupini stikata, nato stisnite obe strani lupine skupaj.

d) Na sredini jastogovega mesa zarežite majhno zarezo, da se tanka plast mesa odlušči čez robove. Tako dobi jastogov rep svoj značilen videz.

e) V majhni skledi zmešajte maslo, sol, poper, česen v prahu, papriko, limonin sok in peteršilj, nato z mešanico enakomerno premažite meso jastoga.

f) Jastogove repe položite v litoželezno ponev in pecite v pečici na drva 12-15 minut ali dokler niso popolnoma kuhani, vendar ne gumijasti.

69. Biskvit iz dimljenih kozic

SESTAVINE:
- 1 žlica olivnega olja
- 1 velika čebula, drobno sesekljana
- 1 korenček, drobno sesekljan
- 3 žlice žganja
- Narezane glave in lupine iz 1 funt Prekajene kozice
- 1 strok česna, sesekljan
- ščepec čilijevih kosmičev
- 1 lovorjev list
- 3 veliki paradižniki, narezani na kocke
- ⅓ skodelice težke smetane, plus malo več za okras
- Panj , za okras
- S sol in sveže mleti črni poper

NAVODILA:
a) V veliki ponvi z debelim dnom zmešajte oljčno olje, čebulo in korenje ter postavite v pečico, da se zmehča za 10 minut, pri čemer enkrat ali dvakrat premešajte.
b) Prilijemo žganje in pekač vrnemo v pečico še za 5 minut oziroma dokler skoraj popolnoma ne izhlapi.
c) Dodajte glave kozic in lupine, česen, čilijeve kosmiče in lovorjev list ter vrnite v pečico za 5 minut in mešajte, da se združi.
d) Paradižnike zmešajte s hladno vodo v skledi za mešanje. Dodajte sol in poper po okusu . Dodamo kozice in zmiksamo s paličnim mešalnikom, da so lupine fino zmlete.
e) Skozi fino cedilo prelijemo v čisto ponev in s hrbtno stranjo lesene žlice pritisnemo na ostanke kozic, da izločimo čim več okusa.
f) Prelijte v segrete sklede in prelijte z drobnjakom in dodatno smetano. Postrezite takoj.

70. Losos na žaru z omako iz limoninega kopra

SESTAVINE:
- 4 fileje lososa
- Sol in poper po okusu
- Olivno olje

ZA OMAKO IZ LIMONINE KOPRE:
- 1/2 skodelice grškega jogurta
- Lupina in sok 1 limone
- 2 žlici sesekljanega svežega kopra
- 1 strok česna, sesekljan
- Sol in poper po okusu

NAVODILA:
a) Predgrejte žar na oglje na srednje visoko temperaturo.
b) Lososove fileje začinite s soljo, poprom in kančkom olivnega olja.
c) Filete lososa pečemo na žaru s kožo navzdol približno 5-6 minut, nato previdno obrnemo in pečemo na žaru še 3-4 minute ali dokler se losos ne skuha in zlahka razkosmi z vilicami.
d) Medtem ko se losos peče na žaru, pripravite omako z limoninim koprom. V majhni skledi zmešajte grški jogurt, limonino lupinico, limonin sok, sesekljan koper, mlet česen, sol in poper.
e) Lososa na žaru postrezite vročega s kančkom omake z limoninim koprom na vrhu.

71.Takosi s kozicami na žaru z mangovo salso

SESTAVINE:
- 1 lb velika kozica, olupljena in brez žlebov
- 1 žlica olivnega olja
- 1 čajna žlička čilija v prahu
- 1/2 čajne žličke kumine
- Sol in poper po okusu
- Tortilje iz koruze ali moke

ZA MANGO SALSO:
- 1 zrel mango, narezan na kocke
- 1/4 skodelice narezane rdeče čebule
- 1/4 skodelice sesekljanega svežega cilantra
- Sok 1 limete
- Sol in poper po okusu

NAVODILA:
a) Predgrejte žar na oglje na srednje visoko temperaturo.
b) V skledi premešajte kozico z oljčnim oljem, čilijem v prahu, kumino, soljo in poprom, dokler ni enakomerno prekrita.
c) Začinjene kozice nataknemo na nabodala.
d) Nabodala s kozicami pecite približno 2-3 minute na vsaki strani oziroma dokler niso rožnata in pečena.
e) Medtem ko se kozica peče na žaru, pripravite mangovo salso tako, da v skledi zmešate vse sestavine za salso.
f) Tortilje segrevajte na žaru nekaj sekund na vsaki strani.
g) Če želite sestaviti tacose, na vsako tortiljo položite nekaj kozic na žaru in prelijte s salso iz manga. Postrezite vroče in uživajte!

72.Zrezki mečarice na žaru z zeliščno marinado

SESTAVINE:
- 4 zrezki mečarice
- Sol in poper po okusu
- Olivno olje

ZA SREDOZEMSKO ZELIŠČNO MARINADO:
- 1/4 skodelice olivnega olja
- 2 žlici sesekljanega svežega peteršilja
- 2 žlici sesekljanega svežega origana
- 2 stroka česna, nasekljana
- Lupina in sok 1 limone
- Sol in poper po okusu

NAVODILA:
a) Predgrejte žar na oglje na srednje visoko temperaturo.
b) Zrezke mečarice začinimo s soljo, poprom in pokapljamo z oljčnim oljem.
c) V skledi zmešajte oljčno olje, sesekljan peteršilj, sesekljan origano, sesekljan česen, limonino lupinico, limonin sok, sol in poper, da ustvarite marinado.
d) Zrezke mečarice položite v plitvo posodo ali plastično vrečko, ki jo je mogoče zapreti, in jih prelijte z marinado. Prepričajte se, da so zrezki mečarice enakomerno obloženi. Pustite jih marinirati v hladilniku vsaj 30 minut.
e) Zrezke mečarice pecite na žaru približno 5-6 minut na vsaki strani oziroma dokler niso pečeni in imajo lepe sledi žara.
f) Zrezke mečarice na žaru postrezite vroče z najljubšo prilogo.

73. Morska plošča na žaru s česnovim zeliščnim maslom

SESTAVINE:
- 4 fileje morske plošče
- Sol in poper po okusu
- Olivno olje

ZA ČESNOVO ZELIŠČNO MASLO:
- 4 žlice nesoljenega masla, zmehčanega
- 2 stroka česna, nasekljana
- 1 žlica sesekljanega svežega peteršilja
- 1 žlica sesekljanega svežega drobnjaka
- Lupina 1 limone
- Sol in poper po okusu

NAVODILA:
a) Predgrejte žar na oglje na srednje visoko temperaturo.
b) Fileje morske plošče začinite s soljo, poprom in kančkom oljčnega olja.
c) V skledi zmešamo zmehčano maslo, sesekljan česen, sesekljan peteršilj, sesekljan drobnjak, limonino lupinico, sol in poper, da dobimo česnovo zeliščno maslo.
d) Fileje morske plošče pecite na žaru približno 4-5 minut na vsaki strani oziroma dokler niso neprozorni in pečeni.
e) Odstranite z žara in pustite fileje morske plošče počivati nekaj minut.
f) Morsko ploščo na žaru postrezite vročo s kepico česnovega zeliščnega masla na vrhu. Uživajte v okusni kombinaciji nežne morske plošče in slanega zeliščnega masla!

PRILOGE IN SOLATE

74. Solata z lososom, šparglji in goji jagodami

SESTAVINE:
- ¾ skodelice zdrobljene pšenice
- 2 fileja lososa brez kože
- 2 šopka špargljev, narezana
- ¼ skodelice svežih listov mete
- 1 žlica sesekljanega svežega drobnjaka
- 2 žlici goji jagod
- 2 žlički drobno naribane limonine lupinice
- 1 žlica limoninega soka
- 2 žlički ekstra deviškega oljčnega olja
- 60 g listov rukole

NAVODILA:
a) Zdrobljeno pšenico dajte v veliko toplotno odporno skledo. Prelijemo s toliko vrele vode, da pokrije. Odstavite, da se namaka 20 minut. Odcedite in iztisnite odvečno vlago, pritiskajte s hrbtno stranjo žlice. Prenesite v veliko skledo.
b) Predgrejte žar na visoki temperaturi. Lososa in špargljе rahlo poškropite z olivnim oljem.
c) Lososa pecite na žaru 2-3 minute na vsaki strani na srednji ravni ali dokler ni pečen po vaših željah.
d) Špargljе pecite na žaru 1-2 minuti na vsaki strani ali dokler se ravno ne zmehčajo.
e) Prestavimo na krožnik. Odstavimo, da se nekoliko ohladi.
f) Lososa narežite na velike kose. Špargljе narežemo na 5 cm velike kose.
g) V skledo k zdrobljenemu zrnju dodajte špargljе, meto, drobnjak, goji jagode, limonino lupinico, limonin sok, olje in rukolo.
h) Začinite in nežno premešajte, da se združi. Razdelite po servirnih krožnikih in na vrh položite lososa.

75.Parmska šunka - zavita Šparglji

SESTAVINE:
- 8 kosov špargljev
- 8 rezin parmske šunke
- 2 žlici olivnega olja
- 2 žlici naribanega parmezana

NAVODILA:
a) Pečico na drva segrejte na srednje visoko temperaturo.
b) Šparglje blanširajte v ponvi tako, da jih za dve minuti položite v rahlo vrelo vodo, nato jih odstranite in položite v ledeno vodo ali pod hladno tekočo vodo.
c) Grizzler postavite v pečico na drva , da se ogreje po dodajanju oljčnega olja.
d) Rob parmske šunke ovijte okoli špargljevega šparglja in ga zvijte, da popolnoma objame špargljevo šilce.
e) Grizler vzamemo iz pečice in nanj položimo zavite šparglje .
f) Po špargljih potresemo parmezan in grizler vrnemo v pečico .
g) G Pecite dve minuti na vsako stran ali dokler se na obeh straneh ne pojavijo sledi žara.

76.Pražen česen in čebula

SESTAVINE:
- 2 žlici Olivno olje
- 2 rumeni čebuli, narezani na tanke rezine
- 1 čajna žlička italijanske začimbe
- ½ čajne žličke zdrobljenih kosmičev rdeče paprike
- Košer sol in črni poper po okusu
- 2 stroka česna, olupljena in na drobno narezana
- 1 žlica balzamičnega kisa
- ¼ skodelica listov bazilike, f ali okras
- 1 skodelica mešane paprike (neobvezno)

NAVODILA:
a) veliko ponev nakapajte olje in potisnite v pečico na drva.
b) Vmešajte čebulo. Dušimo do rahlo zlate barve.
c) Dodajte papriko, italijanske začimbe in zdrobljene kosmiče rdeče paprike . Kuhajte 1 2-15 minut, občasno premešajte, dokler paprika rahlo ne porjavi .
d) Začinimo s soljo in vse skupaj dobro premešamo .
e) Kuhajte še 3-4 minute oziroma toliko časa, da se zelenjava zelo zmehča.
f) Dodajte svežo baziliko in premešajte, da se združi.

77. Brokoli pečen na drva

SESTAVINE:
- 2½ funtov brokolija , narezanega na kocke
- ⅓ skodelice olivnega olja
- ½ limonina lupinica
- 2 čajni žlički limoninega soka
- 1½ čajne žličke soli
- ½ čajne žličke mletega črnega popra
- ⅛ čajne žličke rdeče paprike
- 1½ čajne žličke suhega prahu začimbe Ranch
- 5 strokov česna, mletega
- ⅓ skodelice naribanega parmezana

NAVODILA:
a) V veliki skledi za mešanje zmešajte olivno olje, limonino lupinico, limonin sok, sol, poper, kosmiče rdeče paprike, suhe začimbe v prahu in česen.
b) Vanj stresite cvetke brokolija in jih temeljito premažite.
c) Nalijte v veliko litoželezno ponev.
d) Kuhajte 15-20 minut v pečici na drva, dokler ne dosežete želene pečenosti. Obrnite vsake 2-3 minute.
e) Vzamemo iz pečice in potresemo z naribanim parmezanom.

78. Pečen česen

SESTAVINE:
- 3 česna
- 2 žlici masla
- 1 žlica olivnega olja
- 5 vejic timijana
- Morska sol
- Črni poper

NAVODILA:
a) Strokom česna odrežite vrhove približno ⅓ navzdol, pri čemer izpostavite večino, če ne vse, stroke.
b) V manjšo ponev položite glave česna.
c) Odkrite nageljnove žbice premažemo z maslom, pokapljamo z oljčnim oljem, začinimo s soljo in poprom ter potresemo s timijanom.
d) Česen postavite v sprednji kot pečice na drva, pokrit s folijo.
e) Kuhajte 10-15 minut, vsake 2-3 minute obrnite, nato pa pustite, da se ohladi 10 minut.
f) Stroke česna nežno stisnite s korenine; za uporabo bi morali zdrsniti.
g) Česen pretlačite in zgladite v pasto s hrbtno stranjo noža ali celimi stroki.

79. Bostonski pečeni fižol

SESTAVINE:
- 10 unč prekajene slanine , narezane na kocke
- 1 skodelica posušen kanelini fižol
- 3 unče češnjevih paradižnikov, prepolovljenih
- 1 čebula, drobno sesekljana
- 1 strok česna, strt
- ½ čajne žličke mletega pimenta
- 1 lovorjev list
- 1½ skodelice vrelo vodo
- 2 žlici črnega melasega prahu
- ⅛ skodelice temno rjavega sladkorja
- 1 čajna žlička angleške gorčice
- S sol in sveže mleti črni poper

NAVODILA:
a) V terakoti ali lončeni posodi zmešajte slanino, nenamočen posušen fižol in paradižnik.
b) Dodajte čebulo, česen in začimbe ter lovorjev list in premešajte, da se združi.
c) Mešajte sladkor in gorčico, dokler se popolnoma ne raztopita, nato pa po okusu začinite s soljo in poprom.
d) Pokrijte s tesno prilegajočim pokrovom ali tesno ovito folijo.
e) Na koncu večernega pečenja postavite v hladno pečico z začetno temperaturo približno 180 °C (350 °F) in pustite čez noč.

80.Zdrobljen krompir in paradižnik

SESTAVINE:
- Košer sol in črni poper po okusu
- 1 funt Mlad krompir
- ½ funt Vinski paradižnik

NAVODILA:
a) Zmečkajte in sploščite nekaj mladega krompirja tako, da ga kuhate, dokler ni pripravljen.
b) na drva predhodno segrejte jekleno ponev s približno 4 žlicami olja za cvrtje, dokler se olje ne začne kaditi.
c) Vinske paradižnike postavite na vhod v pečico in jih kuhajte na sevalni toploti.
d) Pekač vrnemo v pečico in dodamo krompir, ki ga po petih minutah obrnemo.
e) Krompir poberemo iz olja in položimo na kuhinjsko krpo, da se odcedi.

81. Solata iz pečenih jajčevcev

SESTAVINE:
- 175 g buče
- 1 manjši jajčevec, narezan na kocke
- 1 rdeča čebula, narezana
- 1 rdeča paprika, narezana
- Pest špinače v listih
- 1 žlica bučnih semen
- 1 čajna žlička medu
- 1 čajna žlička balzamičnega kisa

NAVODILA:
a) Predgrejte pečico na drva . Na notranji kamniti deski za peko ciljajte na 952 °F (500 °C).
b) V ponev iz litega železa dodajte oljčno olje .
c) Ko se olje segreje, ponev odstavite z ognja in dodajte jajčevce, čebulo, rdečo papriko in bučo.
d) Pekač vrnite v pečico za 3-5 minut oziroma dokler se zelenjava ne zmehča in rahlo porjavi.
e) Ponev odstavimo z ognja in po njej potresemo balzamični kis in med.
f) Potresemo z bučnimi semeni in postrežemo z jedjo iz mlade špinače.

82.Peppers na drva

SESTAVINE:
- 11 unč otroške paprike
- 4 žlice oljčnega olja

SALSA VERDE
- 2 unč peteršilja
- 2 unč bazilike
- 1 strok česna, sesekljan
- 6 žlic oljčnega olja
- 2 žlički morske soli
- Sok pol limone

NAVODILA:
a) Sestavine za salso verde zmešajte v kuhinjskem robotu.
b) Pekač Sizzler postavite v pečico, da se segreje z dvema žličkama oljčnega olja.
c) Paprike položite v pekač, pokapajte z oljčnim oljem in jih vrnite v pečico za 5 minut ali dokler ne porjavijo na eni strani, nato pa paprike obrnite in pecite še 5 minut .
d) Odstranite paprike iz pečice, nato pa jih potresite s salso verde.
e) Postrezite.

83.Parmska šunka - zavita Šparglji

SESTAVINE:
- 8 kosov špargljev
- 8 rezin parmske šunke
- 2 žlici olivnega olja
- 2 žlici naribanega parmezana

NAVODILA:
h) Pečico na drva segrejte na srednje visoko temperaturo.
i) Šparglje blanširajte v ponvi tako, da jih za dve minuti položite v rahlo vrelo vodo, nato jih odstranite in položite v ledeno vodo ali pod hladno tekočo vodo.
j) Grizzler postavite v pečico na drva , da se ogreje po dodajanju oljčnega olja.
k) Rob parmske šunke ovijte okoli špargljevega šparglja in ga zvijte, da popolnoma objame špargljevo šilce.
l) Grizler vzamemo iz pečice in nanj položimo zavite šparglje .
m) Po špargljih potresemo parmezan in grizler vrnemo v pečico .
n) G Pecite dve minuti na vsako stran ali dokler se na obeh straneh ne pojavijo sledi žara.

84.Cezarjeva solata iz peči na drva

SESTAVINE:
SOLATA
- 2 celi solati gem, po dolžini prepolovljeni
- 8 rezin prekajene črtaste slanine
- 2 unč krutonov
- 2 unč f eta
- 2 limoni, prepolovljeni
- 2 žlici naribanega parmezana

OBLAČENJE
- 1 strok česna, zdrobljen
- 2 sardona, drobno narezana
- 5 žlic majoneze
- 1 žlica belega vinskega kisa

NAVODILA:
a) V skledo za mešanje dodajte vse sestavine za preliv in stepajte do gladkega.
b) Pekač Grizzler segrejte v pečici na drva.
c) Odstranite Grizzler iz pečice na drva in dodajte slanino v ponev.
d) Kuhajte tri minute v vaši pečici na drva ali dokler slanina ne postane hrustljava.
e) Odstranite ponev z ognja in na vrh slanine na Grizzler položite razpolovljene solate gem in limone.
f) Kuhajte 1 minuto v pečici ali dokler se na spodnjih straneh zelene solate in limon ne pojavijo sledi na žaru.
g) Odstranite vsebino pekača in jo položite na servirni krožnik.
h) Solato prelijte z zdrobljeno feto, izdatno pokapljajte s prelivom in peščico hrustljavih krutonov.

85.Chorizo Jalapeños, pečen na ognju

SESTAVINE:
- 9 svežih jalapeñosov
- ½ funt choriza, kuhan in odcejen
- 1 C gor Chihuahua sir, nastrgan
- 1 majhna čebula, sesekljana
- 1 šopek cilantra, sesekljan

NAVODILA:
a) Predgrejte zunanjo pečico na drva na 500 stopinj Fahrenheita.
b) Vsakemu jalapenu odrežite konce stebla in z majhno žlico ali nožem odstranite semena in hrustanec.
c) Preostale sestavine zmešajte skupaj in z njimi nadevajte vsak jalapeno.
d) Polnjene paprike položimo na rešetko, ki jo lahko uporabimo v pečici.
e) Rešetko postavite v usta pečice.
f) Preden obrnete, kuhajte 4 minute.
g) Nadaljujte s kuhanjem še 4 minute.
h) Pred serviranjem vzamemo iz pečice in pustimo, da se ohladi. Slastno!

86.solata na žaru na oglju

SESTAVINE:
- 8 unč šitak
- 1 žlica olivnega olja
- 1 žlica tamarija
- 1 žlica zdrobljenega česna
- 1 čajna žlička mletega rožmarina
- Sol in črni poper
- 1 čajna žlička javorjevega sirupa
- 1 čajna žlička sezamovega olja
- Edamame

NAVODILA:
a) Izperite gobe. Odstranite in zavrzite stebla.
b) Gobe zmešamo s preostalimi sestavinami in mariniramo 5 minut.
c) Pecite pokrove na oglju, dokler se rahlo ne zapečejo.
d) Okrasite z Edamame.

87. Lesena ocvrta zelenjava

SESTAVINE:
- 2-4 žlice oljčnega olja
- 2-4 žlice masla
- 1 skodelica olupljenih korenčkov
- 1 skodelica majhnega krompirja, narezanega na kocke
- 1 skodelica sladkega krompirja Olupljen in narezan
- 1 srednja čebula, narezana
- ½ skodelice buče, sesekljane
- ½ skodelice narezanih gob
- ¾ skodelice paprike, narezane na rezine
- 2-3 stroki česna sesekljani ali narezani na kocke
- Polno češnjevih paradižnikov prerežite na pol
- 1 čajna žlička rožmarina
- Sol in mlet poper po okusu
- Ostale začimbe po želji

NAVODILA:
a) Ponev iz ogljikovega jekla jejte 5-10 minut.
b) Pripravite 3-5 različnih vrst zelenjave in jih stresite na oljčno olje in maslo ter začinite s soljo in poprom.
c) Da se zelenjava ne sprime, sestavine nežno premešajte in ponev občasno obrnite.
d) Vanj stresemo česen, pest češnjevih paradižnikov z vrta, rožmarin in začimbe po okusu.
e) Kuhajte, dokler zmes ne zadiši.

SLADICE

88. Ananas na žaru s cimetovim sladkorjem

SESTAVINE:
- 1 zrel ananas, olupljen, razrezan in narezan na kolobarje ali rezine
- 2 žlici stopljenega masla
- 2 žlici rjavega sladkorja
- 1 čajna žlička mletega cimeta
- Vaniljev sladoled (po želji, za serviranje)

NAVODILA:
a) Predgrejte žar na oglje na srednje visoko temperaturo.
b) V majhni skledi zmešajte stopljeno maslo, rjavi sladkor in mleti cimet.
c) Obe strani rezin ananasa premažite z mešanico cimetovega sladkorja.
d) Rezine ananasa pecite na žaru približno 2-3 minute na vsaki strani ali dokler ne dobijo sledi žara in karamelizirajo.
e) Odstranite z žara in postrezite vroče. Po želji postrezite s kepico vanilijevega sladoleda za čudovit kontrast toplega ananasa na žaru in hladnega sladoleda.

89. Breskve na žaru z medom in mascarponejem

SESTAVINE:
- 4 zrele breskve, razpolovljene in izkoščičene
- 2 žlici olivnega olja
- Draga, za pokapanje
- 1/2 skodelice mascarpone sira
- Listi sveže mete, za okras

NAVODILA:
a) Predgrejte žar na oglje na srednje visoko temperaturo.
b) Prerezane strani polovic breskev premažite z olivnim oljem.
c) Polovice breskev položite na rešetko s prerezano stranjo navzdol in pecite približno 3-4 minute ali dokler nimajo madežev žara in se rahlo zmehčajo.
d) Polovice breskev previdno obrnite s kleščami in pecite na žaru še 2-3 minute na strani kože.
e) Pečene breskve odstranimo z žara in jih prestavimo na servirni krožnik.
f) Pečene breskve postrezite tople, pokapane z medom in prelite s kepico mascarpone sira.
g) Okrasite z listi sveže mete za piko na i barve in okusa. Uživajte v sladkih in kremastih dobrotah breskev na žaru z medom in mascarponejem!

90.Pena iz pečenih pomaranč

SESTAVINE:
- 2 veliki pomaranči, očiščena lupina
- 2 skodelici sladkorja v prahu
- 1¼ skodelice težke smetane
- 1 skodelica naravnega jogurta
- 2 kvadrata temne čokolade, naribana

NAVODILA:
a) Vsako pomarančo posebej obložimo s folijo in položimo na pladenj.
b) Potisnite pladenj v pečico na drva , zaprite vrata in pustite 9 ur .
c) Pomaranče in sladkor dajte v kuhinjski robot in pretlačite do popolne gladkosti.
d) Pomarančno zmes prelijemo na cedilo nad skledo, jo pretlačimo z žlico in zavržemo morebitne koščke.
e) Ko se pomarančna zmes ohladi, dajte kremo v ločeno posodo za mešanje.
f) Zložite jogurt in smetano , malo zavrtite, da se pokaže pomarančna plast.
g) Prenesite na servirni krožnik. Hladite približno eno uro ali dokler se ne strdi .
h) Okrasite z naribano čokolado.

91. Počasi pečene kutine z medom

SESTAVINE:
- Sok 1 limone
- 5 kutin olupimo in narežemo na kolesca
- 6 zelenih strokov kardamoma
- 1 vanilijev strok
- ⅓ skodelice medu

NAVODILA:
a) Kutine zložimo v pekač.
b) Vanjo stresite strok kardamoma in stroka vanilije.
c) Po vrhu pokapljajte med in dodajte 100 ml vode.
d) Premešamo, da se začimbe povežejo, nato pokrijemo s folijo in postavimo v pečico na drva za približno eno uro, da se zapečejo.
e) Odstranite folijo in kuhajte še 30–60 minut nepokrito.
f) Pustite, da se ohladi v pločevinki, preden ga prestavite v skledo s sirupom in ohladite, dokler ni potrebno.

92. Jabolka s cimetom

SESTAVINE:
- 4 velika jabolka (kot so Granny Smith, Honeycrisp ali Fuji)
- 2 žlici nesoljenega masla, stopljenega
- 2 žlici rjavega sladkorja
- 1 čajna žlička mletega cimeta
- Ščepec soli
- Dodatki po želji: vaniljev sladoled, stepena smetana, sesekljani oreščki, karamelna omaka

NAVODILA:
a) Predgrejte žar na srednjo temperaturo.
b) Jabolkom olupite sredico in jih narežite na približno 1/2 palca debele kolobarje. Lahko pustite kožo ali jih olupite, odvisno od vaših želja.
c) V manjši skledi zmešajte stopljeno maslo, rjavi sladkor, mleti cimet in ščepec soli.
d) Obe strani jabolčnih rezin premažite z mešanico cimetovega masla.
e) Rezine jabolk položite neposredno na rešetke žara in zaprite pokrov.
f) Rezine jabolk pecite na žaru 3-4 minute na vsako stran ali dokler niso mehke in na njih ostanejo sledi žara.
g) Ko so jabolka pečena, jih odstranite z žara in preložite na servirni krožnik.
h) Jabolka s cimetom na žaru postrezite topla, po želji jih prelijete z vaniljevim sladoledom, stepeno smetano, sesekljanimi oreščki ali karamelno omako.
i) Uživajte v okusnih jabolkih s cimetom na žaru kot okusni in zdravi sladici!

93.Strawberry Rhubarb Cobbler

SESTAVINE:
- 3 skodelice jagod , narezanih na četrtine
- 2 skodelici rabarbare, narezane na 1-palčne bloke
- 2 žlici koruznega škroba
- 1-2 žlici rjavega sladkorja
- 1 čajna žlička vanilijevega ekstrakta
- 1 limetin sok in lupinica
- 1 čevljarsko testo

NAVODILA:
a) V skledo za mešanje dodajte vse sestavine (razen testa) in nežno premešajte, da se sadje enakomerno prekrije s koruznim škrobom in enakomerno porazdeli sladkor.
b) Položite v naoljeno litoželezno ponev ali drug pekač na visoki vročini.
c) Čevljarsko testo enakomerno razporedite po vrhu in pecite v pečici na drva.
d) Pečemo pri 350 stopinjah 35-40 minut ali dokler sadni sokovi ne povrejo in čevljarska skorja ne postane zlato rjava.

94. Korenčkova torta na žaru

SESTAVINE:

ZA KORENČKO TORTO:
- 2 skodelici večnamenske moke
- 2 žlički pecilnega praška
- 1 čajna žlička sode bikarbone
- 1/2 čajne žličke soli
- 2 žlički mletega cimeta
- 1/2 čajne žličke mletega muškatnega oreščka
- 1/2 čajne žličke mletega ingverja
- 1/2 skodelice rastlinskega olja
- 1 skodelica granuliranega sladkorja
- 1/2 skodelice rjavega sladkorja
- 3 velika jajca
- 2 žlički vanilijevega ekstrakta
- 2 skodelici naribanega korenja
- 1/2 skodelice zdrobljenega ananasa, odcejenega
- 1/2 skodelice sesekljanih orehov ali pekanov (neobvezno)
- 1/2 skodelice naribanega kokosa (neobvezno)

ZA GLAZU IZ KREMNEGA SIRA:
- 8 unč kremnega sira, zmehčanega
- 1/2 skodelice nesoljenega masla, zmehčanega
- 2 skodelici sladkorja v prahu
- 1 čajna žlička vanilijevega ekstrakta

NAVODILA:

a) Predgrejte žar na srednjo temperaturo.
b) V veliki skledi za mešanje zmešajte moko, pecilni prašek, sodo bikarbono, sol, cimet, muškatni oreščekin ingver.
c) V drugi skledi stepite rastlinsko olje, granulirani sladkor, rjavi sladkor, jajca in vanilijev ekstrakt, dokler se dobro ne premešajo.
d) Postopoma dodajte mokre sestavine k suhim sestavinam in mešajte, dokler se le ne povežejo.
e) Zmešajte naribano korenje, zdrobljen ananas, sesekljane orehe (če uporabljate) in nastrgan kokos (če uporabljate), dokler niso enakomerno porazdeljeni po testu.

f) Testo vlijemo v pomaščen in pomokan pekač velikosti 9 x 13 cm, tako da ga enakomerno porazdelimo.
g) Pekač postavimo na rešetko in zapremo pokrov. Pecite na žaru 25-30 minut ali dokler zobotrebec, ki ga zapičite v sredino torte, ne izstopi čist.
h) Medtem ko se torta peče, pripravite glazuro iz kremnega sira. V posodi za mešanje stepite zmehčan kremni sir, zmehčano maslo, sladkor v prahu in vanilijev ekstrakt, dokler ne postane gladko in kremasto.
i) Ko je torta pečena, jo odstranite z rešetke in pustite, da se popolnoma ohladi.
j) Ko se torta ohladi, po vrhu enakomerno razporedite glazuro iz kremnega sira.
k) Korenčkovo torto, pečeno na žaru, narežemo na kvadratke in postrežemo.

95. Zažgan baskovski kolač s sirom

SESTAVINE:
- Nesoljeno maslo (za ponev)
- 2 funt kremnega sira, sobne temperature
- 1½ skodelice sladkorja
- 6 velika jajca
- 2 skodelice težke smetane
- 1 čajna žlička košer soli
- 1 žlička vanilijevega ekstrakta
- ⅓ skodelice večnamenske moke
- Sherry (za serviranje; neobvezno)

NAVODILA:
a) V skledi za mešanje stepajte kremni sir in sladkor, dokler ne postane kremasto, brez grudic in se sladkor raztopi, približno 2 minuti.
b) Povečajte hitrost na srednjo in eno za drugim dodajte jajca.
c) Stepajte smetano, sol in vanilijo približno 30 sekund ali dokler se ne zmešajo.
d) Moko enakomerno presejte na mešanico kremnega sira.
e) Stepajte pri nizki hitrosti, dokler ni popolnoma vključena.
f) Testo vlijemo v pripravljen pekač. Pecite 65 minut v pečici na drva , dokler vrh ne postane zlato rjav, sredina pa se še vedno premika.

96.Torta z jagodami in kremo

SESTAVINE:
ZA SLADKO PECIVO:
- 1 jajce
- 1 rumenjak
- 1 skodelica sladkorja v prahu
- ½ skodelice hladnega, na kocke narezanega masla
- 5 skodelic navadne moke
- Limonina lupina z oceno G

ZA KRAJMO:
- 6 kozarcev polnomastnega mleka
- 6 rumenjakov
- 6 žlic sladkorja
- 6 žlic gladke moke
- Okus po vaši izbiri, kot je limonina lupinica, cimet ali vanilija

NAVODILA:

a) Za pripravo peciva zmešajte vse sestavine v testo, nato ga razvaljajte v grobo kepo, zavijte v prozorno folijo in ohladite eno uro.

b) Razvaljajte med dvema listoma peki papirja v 12 cm debel disk. Pustite, da pecivo počiva v hladilniku, potem ko ste obložili model za tart.

c) Na pecivo položimo jajčno kremo, nato pa grobo narezane jagode, ki smo jih začinili s sladkorjem in limono.

d) Pečemo v pečici na drva 20 minut pri 150-180 °C, po polovici časa peke pekač obrnemo.

e) Postavite na stran, da se ohladi, preden ga potresete s sladkorjem v prahu.

97. Medeno pečene marelice

SESTAVINE:
- 3½ skodelice zrelih svežih marelic
- Sok ½ limone
- 2 žlici medu

NAVODILA:
a) Sveže marelice prerežemo na pol in izdolbemo koščice.
b) V manjši pekač razporedimo marelice v eno kompaktno plast.
c) Po vrhu iztisnite sok 12 limon in pokapajte z nekaj žlicami tekočega medu.
d) Pekač potisnite v pečico na drva in pecite 20 minut.
e) Pred hlajenjem postavite na stran, da se ohladi.

98. Slive s cimetom in pomarančo

SESTAVINE:
- 3½ skodelice zrelih sliv
- Sok 1 pomaranče in lupina
- Ščepec granuliranega sladkorja
- P palec G okrogel cimet

NAVODILA:
a) V manjši pekač razporedimo slive v eno kompaktno plast.
b) Dodamo pomarančni sok in lupinico ter sladkor in cimet.
c) Pečemo v pečici na drva pri nizki temperaturi 20 minut.
d) Pred hlajenjem postavite na stran, da se ohladi.

99.Breskve z amarettom in limeto

SESTAVINE:
- 3½ skodelice breskev, narezanih na četrtine
- 2 žlici limetinega soka
- S kapljico likerja amaretto
- Ščepec granuliranega sladkorja

NAVODILA:
a) V manjši pekač razporedimo breskve v eno kompaktno plast.
b) Soku dodajte kanček likerja amaretto. Dodajte zrnca sladkorja.
c) Pekač pečemo 20 minut v pečici na drva .
d) Pred hlajenjem postavite na stran, da se ohladi.

100.Breskve na žaru z javorjevo makadamijo

SESTAVINE:
- 4 zrele breskve, razpolovljene in izkoščičene
- 1 žlica olivnega olja
- 1/4 skodelice orehov makadamije, grobo sesekljanih
- 2 žlici javorjevega sirupa
- Ščepec soli
- Vaniljev sladoled ali grški jogurt, za serviranje (neobvezno)

NAVODILA:
a) Predgrejte žar na srednje visoko temperaturo.
b) Prerezano stran vsake polovice breskve premažite z olivnim oljem.
c) Breskve s prerezano stranjo navzdol položite na rešetko in jih kuhajte 3-4 minute oziroma dokler se ne pojavijo sledi žara in se breskve rahlo zmehčajo.
d) Medtem ko se breskve pečejo, segrejte majhno ponev na srednjem ognju. Dodamo sesekljane oreščke makadamije in med občasnim mešanjem pražimo 2-3 minute, dokler ne zadiši in rahlo zlate barve.
e) Javorjev sirup pokapljajte po praženih oreščkih makadamije in premešajte, da se prekrijejo. Kuhajte še 1-2 minuti, dokler se javorjev sirup nekoliko ne zgosti in prekrije orehe. Odstavite z ognja in potresite s ščepcem soli.
f) Ko so breskve pečene na žaru, jih prestavite na servirni krožnik ali posamezne krožnike, s prerezano stranjo navzgor.
g) Po vrhu pečenih breskev z žlico razporedite oreščke makadamije, glazirane z javorjem.
h) Postrezite na žaru pečene breskve z javorjevo makadamijo toplo, po želji jih lahko spremljate s kepico vanilijevega sladoleda ali kepico grškega jogurta.

ZAKLJUČEK

Ko se poslavljamo od "Bezčasne kuharske knjige na ognju", to počnemo z občutkom zadovoljstva in hvaležnosti za okuse, ki smo jih okusili, ustvarjene spomine in ogenj, ki smo ga na poti zanetili. Skozi 100 ikoničnih receptov, ki slavijo umetnost peke na žaru, smo raziskali neskončne možnosti kuhanja na odprtem ognju, od klasičnih priljubljenih do inovativnih kreacij.

A naše potovanje se tu ne konča. Ko se vračamo k našim žarom, oboroženi z novim navdihom in zaupanjem, nadaljujmo z eksperimentiranjem, inovacijami in ustvarjanjem z ognjem kot našo muzo. Ne glede na to, ali kuhamo za množico ali samo zase, naj nam recepti v tej kuharski knjigi služijo kot vir navdiha in veselja ter nas spomnijo na preproste užitke ob dobri hrani, ki jo delimo z ljubljenimi.

In ko uživamo v vsaki mojstrovini na ognju, se spomnimo na tovarištvo, smeh in trenutke povezanosti, zaradi katerih je peka na žaru tako posebna izkušnja. Hvala, ker ste se nam pridružili na tej okusni avanturi. Naj vaši ognji močno gorejo, vaše rešetke vroče in vaši obroki vedno okusni. Na zdravje za brezčasno umetnost peke na žaru!

www.ingramcontent.com/pod-product-compliance
Lightning Source LLC
Chambersburg PA
CBHW070416120526
44590CB00014B/1416